KB196460

지적 생활의 즐거움

Philip Gilbert Hamerton

지적 생활의 즐거움

P. G. 해머튼 지음 김욱 편역

책읽는고양이

프롤로그

　나는 이 책을 집필하기에 앞서, 여러 가지 제약이 따르는 우리의 일상 속에서도 과연 만족스러운 지적 생활이 가능한지 생각해보고자 했다. 지적 생활을 추구하는 데 바람직하거나 바람직하지 못한 상황들은 과연 어디까지 영향을 미치는지도 고민해보고 싶었다. 이 책을 집필하게 된 가장 큰 목적은 의미 없는 낙담으로 인해 독자의 귀중한 삶의 순간들이 낭비되는 일이 없도록 돕는 데에 있다. 덧붙여 가치가 없는 일들에 매달리는 실수를 범하지 않도록 조언하는 것도 빼놓을 수 없다.

　이 책을 통해 제일 먼저 하고 싶은 말은 지적 능력을 타고난 우리들은 본능에 따라서 지적 생활을 요구받고 있다는 점이다. 물새들이 수상생활을 원하는 것과 다르지 않다. 동물은 인간보다 분명 하등한 생명체이지만 다음과 같은 점에서는 인간보다 뛰어나다. 동물의 생존 목적은 인간보다 단순하다. 그래서 동물은 인간보다 완벽하게 그 목적에 도달할 수 있다. 오리는 타고난 본능에 의지해 살아가고 있다. 그러나 지적인 인간은 오히려 지적이고자 하는 본능에 어긋나는 생활을 반복하는 경우가 많다. 가장 충족된 지적 생활에서마저도 그 대부분은 매우 잡다한 장애물들의 방해에 시달리고 있다. 현대를 살아가는 지적인 사람들의 생활을 정확히, 그리고 상세히 파악하게 될수록 그들이 얼마나 터무니없는 곤란에 직면해 있는지를 깨닫게 된다. 이는 결코 지나친 평가가 아니다.

예를 들어 나에게 좋은 지적인 환경이 주어졌다고 가정해보겠다. 아마도 외부 사람들은 그 행운을 부러워하며 저런 환경에서는 누구든지 좋은 결과를 얻을 수밖에 없다고 생각한다. 그런데 때론 지적으로 양호한 환경이 지성의 발달에 가장 바람직하지 못한 환경으로 작용하기도 한다. 이 얘기는 환경이 우리에게 미치는 영향력에 대한 고찰이다. 우리에게 도움이 되는 환경이든, 도움이 되지 않는 환경이든 실제의 지적 생활에는 그다지 큰 비중을 차지하

지 않는다. 지적 생활은 일종의 투쟁이며 훈련이다. 지적으로 생활하는 기술이란 유리한 환경을 발판삼아 발전해나가는 과정이 아니라 매일의 생활에 필연적으로 얽혀 있는 숱한 사정과 제약 속에서 우리 자신을 극복시켜나가는 행위이다. 이로써 지성은 풍요로워지고 강인해진다.

지적인 생활이 필요로 하는 것은 지성의 성향과 모습이 다양하듯 단순하지 않다. 인생항로에서 우리가 경험하는 고도의 지적 교양, 그 교양을 어디서 어떻게 익혔는가의 수단 등은 그리 중요하지 않다. 지적 생활은 우연히 입학한 학교에서, 책과 동식물을 관찰하는 과정에서 이루어진다. 우리를 둘러싼 세계가 곧 지적 생활의 무대이며, 인생은 우리의 교사인 것이다. 사람이 나이 들어 자신의 허약한 지성에 안타까워하는 까닭은 지적인 사람들을 부러워하거나, 그들을 질투하게 되어서가 아니다. 돌이켜보니 자신의 삶에서 수많은 지적인 발전의 기회가 있었음에도 이를 알아차리지 못하고 지나쳤음을 애석해하는 것이다.

이 책은 지적인 생활을 영위하는 소수의 선택받은 사람들을 위한 책이 아니다. 이 책은 모든 계층의 사람들에게 지적으로 살아가는 것이 가능하다는 확신을 주기 위해 쓴 책이다. 지적 생활이 몸에 익숙해지기 위해서는 오랜 기간의 노력이 필요하다. 노력 없이는 지적 생활을 영위하지 못한다. 스스로를 연마해야 한다. 타인의 삶에 눈길을 빼앗겨서는 안 된다. 명성을 얻겠다는 목표를 세워두고 매일 정해진 계획에 쫓기는 생활로는 아무것도 이루어지지 않는다. 충분한 시간을 들여 노력하는 것이 중요하다.

지금까지 살아오면서 다양한 계층의 사람들을 관찰해왔다. 그리고 한 가지 사실을 깨닫게 되었다. 인간은 태어남과 동시에 위대한 지적 능력을 갖추게 된다는 점이다. 인간은 지적인 사고방식을 추종할 수밖에 없다. 완벽한 언어로 완성된 문학작품이 아니더라도 우리는 그에 버금가는 지적인 표현으로 생각이라는 것을 반복한다. 우리는 무엇인가를 선택하기에 앞서 좀 더 과학적이고 이론적인 논리가 뒷받침되는 것을 택하게 된다. 왜냐하면 지성은 우리의 본성이기 때문이다.

방대한 양의 지식이 우리를 지적으로 만들어주는 것은 아니다. 과학과 교육이 진보되지 않은 시대를 살았던 조상들이 우리에 버금가는 지성을 발휘하며 지적인 생활을 추구해나갔던 역사를 보면 알 수 있다. 게다가 현재는 지성에 대한 접근이 과거보다 훨씬 편리해진 시대이다. 이 사회에서는 신분이 가장 낮은 직공도 솔로몬이나 아리스토텔레스가 접하지 못했던 체계화된 학문을 섭렵하는 것이 가능하다. 반대로 생각해보면 솔로몬과 아리스토텔레스는 우리 시대와는 비교가 안 될 만큼 지적으로 불리한 조건을 살았으나, 이 시대의 누구보다 지적인 삶을 살았다. 오늘날에는 누구든지 플라톤보다 훨씬 편하게 교양을 습득할 수 있다. 플라톤과 우리의 차이점은 그가 단순히 교양의 습득에만 얽매이지 않고 사물의 본질에 관하여 스스로 고뇌하려 했다는 점에 있다.

우리를 지적으로 만드는 힘은 배운 지식과 익힌 교양에 있는 것이 아니다. 인생의 아름다운 단면들을 스스로 발견해내려는 노력과 인간답게 살아가는 기쁨을 만끽하려는 타고난 본성일 뿐이다. 지적 생활이란 무엇인가를 이룩하려는 시도가 아니라, 순수하게 삶의 진리를 찾아나서는 아름다운 여정이다. 그것은 가장 위대한 진리와 작은 진리 사이에서, 반드시 따라야 하는 정의와 개인의 생활 사이에서 늘 꿋꿋하고 당당하게 고귀한 쪽을 선택해나가는 것이다.

그럼에도 불구하고 우리가 실수와 실패를 되풀이하는 까닭은 지혜나 명석함이 결여되어 있기 때문이다. 그러나 여기서 지적인 실수와 실패에서 허무를 맛봐서는 안 된다. 오히려 지적인 결여 속에서

눈부신 지성이 태어난다는 확신을 갖고 살아가야
한다. 오늘 하루의 지적인 노력을 통해 꿈꿔왔던 완
성된 삶에 한 발자국 더 가까워진다는 확신을 안고
살아야 되는 것이다. 지적인 탐구의 매력은 여기에
있다. 날마다 조금씩 우리는 우주의 영원한 법칙을
해명해내고 있으며, 이미 우리가 알고 있는 바에 대
해 확고한 신뢰를 갖게 된다. 그런 시간들이 축적되
어 우리는 지성의 본질, 나아가 이 세계를 축조한
신의 섭리에 도달하게 되는 것이다.

필립 길버트 해머튼

차례

1부

지적 생활을 위한 신체 단련

지적 욕구에도 절제가 필요하다

　신경조직의 작용에 대해서는 지금도 그다지 알려진 바가 많지 않다. 따라서 생리학적 관점에서 이 이야기를 풀어나간다면 굉장히 재미없고 지루한 설명이 이어질 테고, 그런 이야기라면 내 입장에서 결코 쉽지 않은 시작이 될 듯하다. 나는 과학과 인연이 아주 먼 사람이니까. 인간의 몸에 대해서는 과학의 최전선에서 활약하고 있는 연구자들에게 맡겨두기로 하겠다. 학설은 그들의 몫이며, 인생은 우리 몫이다.

　그런데 지적인 일에 종사하는 사람으로서의 경험을 바탕으로 실제적인 충고를 해달라고 한다면 부족하나마 나도 할 수 있을 것 같다. 나의 경험에서 우러난 충고가 앞으로 쉴 틈 없이 격렬하게 지적 노동에 종사해야 되는 분들에게 도움이 되리라고 기대해본다.

몇 년 전 런던에서 열린 모 학회에서 논문 한 편이 발표되었다. 이 논문의 저자는 과도한 두뇌 노동으로 건강을 해친 경우 실제를 파악해보면 평소 앓고 있던 지병이 근본원인이지, 정신노동이 건강한 육체를 병들게 할 수 없다고 주장했다. 사실 관계를 떠나서 과도한 정신노동이 없던 병을 만들지는 못한다는 것이다. 다만 기존에 앓고 있던 병이나 약한 몸을 더욱 나쁘게 만들 수는 있겠다.

이 논문의 주장을 실제로 시험해보는 건 쉬운 일이 아니다. 판별이 힘들다. 왜냐하면 건강한 사람은 뇌를 많이 쓰든 쓰지 않든 건강에는 변함이 없기 때문이다. 또 건강이 나쁜 사람도 정신노동이 그의 몸에 얼마나 나쁜 영향을 끼쳤는지 구체적으로 파악한다는 것은 쉽지 않다. 현실에서 사례를 찾기도 만만치 않다. 지나친 정신노동으로 몸을 망쳤다고 의심되는 사람들을 조사해보면 원래 몸이 건강하지 못했거나, 술, 담배, 과식과 불규칙한 생활을 하고 있는 예가 많다. 정신노동에 모든 책임을 전가시키기에는 위험요소를 너무 많이 내포하고 있는 삶이다. 육체기능에 장애를 일으키는 원인은 아주 다양

하다.

시인 워즈워스(1770~1850, 영국의 시인)를 살펴보자. 그는 '릴스턴의 흰 사슴'이라는 시를 구상하던 무렵, 심한 발 부상을 당했다. 그 당시 워즈워스는 시를 쓰면 발이 더 아프고, 시 쓰기를 중단하면 아픔이 가셨다고 한다. 정신을 백지상태로 공허하게 내버려뒀을 때 부상이 더욱 빨리 아무는 걸 알게 되었다고 한다. 이와 관련해서 워즈워스는 시상이 떠오르는 대로 끝없이 창작에 몰두했을 때 정도의 차이는 있지만, 몸 컨디션이 나빠졌다고 한다. 그래서 워즈워스는 규칙적인 생활습관을 만들고 지키려고 노력했다. 시상이 떠오를 때 술에 취한 듯 정신없이 써내려가는 게 아니라 정해진 시간에만 시와 함께하려고 노력한 것이다. 예술에 어울리지 않는 기계적인 창작법이 아니냐고 의문을 가질 수도 있겠지만, 보다 건강한 몸으로 더 오랫동안 예술의 길에 서고 싶어 했던 시인의 마음이 이해되기도 한다. 몸을 혹사시켜 병에 걸리면 시를 쓰고 싶어도 쓰지 못한다. 아픈 몸을 학대해가며 쓴다고 해서 그 시가 사람들의 마음을 울리는 감동의 시가 되리라는 보장도 없다.

내가 알고 있는 유명작가 중에는 작품 한 편을 완성시킬 때마다 쓰러져버리는 분이 있다. 작품 하나에 온 생애를 바치듯 헌신한 결과 한꺼번에 피로와 고통, 스트레스가 몰려드는 것이다. 반대로 일요일마다 꼭 휴식을 취하는 작가도 있다. 그분 말로는 일요일에 글을 안 써서 그런지 일요일만 되면 몸이 자주 아프다고 한다. 좋아하는 일을 하지 않고 쉬니까 오히려 쉬는 날에 컨디션이 최악이 되더라는 고백이었다. 아마도 이분은 6일 간 긴장상태였던 정신이 일요일을 맞이해 쉬는 동안 갑작스레 이완되어 그 반동으로 몸에서 기운이 빠져나가는 건 아닌가 싶다.

여가를 틈타 왕성하게 글을 쓰는 목사님도 있다. 그분은 평소에는 매우 건강한 분인데, 글만 쓰려고 하면 자기도 모르게 신경이 곤두서고, 곤두선 신경이 온몸에 긴장을 불러와 몸이 무거워진다고 한다.

직업상 사방팔방 돌아다니는 사업가 한 분은 보통의 일과와 별도로 외국어를 공부하려고 시도했더니, 뇌에 이상증상이 생겨 계획을 포기할 수밖에 없었다고 한다. 그분은 대단히 열정적이었지만, 외국어 공부만 시작하면 소화기 계통의 컨디션이 나빠졌다. 그런데 공부를 그만뒀더니 머리 상태가 훨씬 좋아지고, 그 뒤 줄곧 컨디션이 괜찮아졌다는 것이다.

나에겐 글을 쓰는 일이 직업이다. 내 주변엔 나

처럼 글을 쓰는 사람들이 많다. 그들 중 두 명은 지나친 과로로 뇌에 장애가 생겨 쓰러졌다. 원래 머리 쪽에 혈류가 좋지 않다거나, 장애를 겪을 만한 원인을 타고났던 것인지도 모른다. 작가로서의 왕성한 활동이 그들의 신체가 안고 있는 불씨에 땔감을 던져준 것일 수도 있다. 다행히 한 명은 무사히 회복되었고 지금도 글을 쓴다. 대신 규칙적으로 시간을 정해 휴식과 글쓰기를 반복한다. 다시는 정도에서 벗어난 지나친 활동을 하지 않으려고 노력한다.

한 번의 아픔을 통해 그는 더 많은 것을 얻게 되었다고 생각한다. 그는 살아 있고, 앞으로 더 오랫동안 살아가게 될 것이다. 지난 경험으로써 자신이 하고 싶은 일을 계속하려면 무엇을 준비해야 하고, 어떤 식으로 생활을 관리해야 되는지 깨달았기 때문에 지나치게 왕성히 활동했던 과거보다 더 좋은 글을, 더욱 오랫동안 쓰게 되리라 기대한다. 요즘 그가 발표하는 글들은 예전보다 더 날카로워졌다. 뇌 증상도 예리한 지성을 앗아가지는 못했다.

다른 한 명도 우여곡절 끝에 병세가 회복되었다. 병에서 회복되기까지 적잖은 돈이 들어갔다. 그동안 벌어들인 인세수입의 상당부분이 병원비와 치료비로 탕진되었다. 기력이 회복되자마자 이분은 다시금 예전 생활로 돌아갔다. 줄어든 수입을 만회해야겠다는 욕심이 앞섰기 때문이다. 새벽부터 밤 늦도록 책상 앞에 앉아 백지와 씨름하는 시간이 늘어났다. 지친 몸으로 술을 마시고, 불규칙한 식사와 불규칙한 수면, 운동부족이 쌓여 끝내는 2년 만에 뇌연화증이 재발해 세상을 떠나고 말았다.

월터 스콧(1771~1832, 스코틀랜드의 소설가, 시인, 전기작가) 경은 매우 건강한 사람이었다. 하지만 만년에 중풍에 걸려 심하게 고생했다. 중풍은 유전일 수도 있다. 겉으로는 건강해 보여도 체질적으로 유전에 의한 병인(病因)을 타고나는 경우가 많다. 술을 마시지 않아도 간암에 걸리고, 담배를 피우지 않아도 폐암에 걸리는 사람들이 있다. 스콧 경의 강인한 신체에 중풍이라는 병마가 찾아온 까닭은 유전적인 요인도 무시할 수 없을 것이다.

그러나 그의 과도한 작품활동이 중풍발작에 어느 정도 영향을 행사한 것만은 부인할 수 없는 사실이다. 젊은 시절 가난했던 스콧 경은 엄청난 두뇌활동으로 많은 양의 작품을 쏟아낸 대표적인 다작(多作) 작가였다. 과도한 정신활동은 스트레스로 이어졌을 테고, 스트레스는 육체를 좀먹는다. 그가 조금만 무리하지 않았더라면, 설령 그럼에도 불구하고 중풍이라는 병마로부터 자유롭지 못했다고 해도 그 시기가 늦춰지지 않았을까 하는 아쉬움이 남는다.

조금 더 건강하게 몇 년 더 작품을 쓸 수 있었을지도 모른다.

바이런의 죽음을 일컬어 사람들은 과도한 시적 흥분 상태에서 그의 마음이 터져버린 것이라고 말한다. 이는 시인에 대한 경외, 혹은 독자로서 그에게 큰 기대를 걸었던 데서 비롯된 망상이다. 바이런은 시인답게 낭만적으로 세상을 떠난 게 아니다. 그는 방탕한 사나이였고, 그 방탕한 생활에서 얻어지는 갖은 소회와 절망, 고통을 시로 승화시킨 고독한 천재였을 뿐이다. 그는 시를 사랑했고, 그래서 시가 얻어질 때까지 몸을 혹사시켰다. 그렇게 세상을 떠난 것이다. 바이런이 시를 덜 사랑했더라면 그의 생활은 보다 안정적이었을 테고, 그랬다면 바이런은 훨씬 더 오래 살았을 것이다.

하지만 바이런은 그럴 수 없었다. 차라리 시와 함께 소멸되는 편을 선택했다. 시적인 흥분을 일으키지 못하는 평범하고 건강한 삶을 그는 받아들이지 못했다. 게다가 몇 날 며칠 밤을 지새우는 격렬한 창작이 그에게 살아 있다는 체감을 안겨주었다. 시와 더불어 요절하는 것은 바이런의 꿈이었다. 시 때문에 그는 하나뿐인 목숨을 잃었다.

스콧은 바이런보다 훨씬 쉬운 과정을 통해 원하는 시를 쓸 수 있는 사람이었다. 그는 오히려 시적 흥분을 반가워하지 않았다. 그 흥분을 얻기 위해 생활을 낭비하고 싶지 않았다. 그래서 스콧은 젊은 날 시인으로서의 숙명에서 벗어나 전업작가의 길을 걷게 된다. 덕분에 그는 바이런의 두 배에 가까운 시간 동안 문학을 할 수 있었다. 이들과 달리 로버트 사우디(1744~1843, 영국의 시인, 작가)는 과도한 중압감을 지혜롭게 관리할 줄 알았기에 100살 가까이 장수했다. 그 또한 두뇌활동이 엄청난 사람이었으나, 절제와 시간의 적절한 배분을 통해 몸이 상하는 단계로 자신을 내몰지 않는 데 성공했다.

과도한 두뇌노동은 분명 몸에 해가 된다. 지나침은 부족함보다 못한 법이다. 허나 그런 이유로 지적 생활을 미리부터 겁낼 필요는 없다. 사람은 체질대로 간다. 원래 강건한 사람이 있고, 그렇지 못한 사람이 있다. 따라서 지적 생활과는 전혀 상관없는 삶을 살았음에도 고민이나 스트레스로 정신이 육체에 병마를 가져오는 예도 있고, 나약한 육신 탓에 어쩔 수 없이 지적 생활에 방해가 찾아오는 경우도 있다.

두뇌노동과는 별반 상관없는 원인으로 병에 걸리는 사람이 더 많을 것이다. 그렇기는 해도 도를 넘어선 혹사는 육체에 해를 미친다. 그런 의미에서 지적 생활의 필수불가결한 요소는 두뇌의 타고난 재능이 아니다. 육체적 기반이다. 건강한 몸이 받쳐

쥐야만 원하는 정신활동이 가능해진다는 뜻이다.

이를 망각한 채 정신이 건강을 압도할 수 있다는 착각은 우리 삶을 병들게 만든다. 욕심을 앞세운 정신노동이야말로 지적인 삶을 가로막는 난적 중의 난적이다. 또한 나의 육체는 변함이 없다, 나는 언제나 건강했으며 앞으로도 건강할 것이다, 라는 과신은 인생을 낭떠러지로 몰고가는 거짓된 목동이다. 그 달콤한 과욕의 목소리를 믿고 반응했다간 머잖아 쓰러지고 만다.

우리는 신이 아니다. 인생은 영생이 아니다. 유한한 우리의 인생에서 지적인 삶은 반드시 추구해야 될 목표이자 과제이다. 정복해야 될 미지의 대륙이 아닌 것이다. 지적인 만족은 절대 선(善)이 될 수 없다. 그러므로 경계가 필요하고, 절제가 필요하고, 계획과 연습이 필요하다. 이 문제에 대해서는 다음 글에서 보다 구체적으로 논하겠다.

나는 지적인 창조활동과 심신 사이에는 밀접한 관계가 있다고 확신한다. 내가 비록 의사는 아니지만, 내 삶의 경험을 바탕으로 이를 깨닫게 되었고, 또한 지적인 삶을 살아가는 다수의 지인들에게서 배운 지식을 기반으로 지적 노동, 특히 지적 생활의 기본적인 수행 가치에 대해 고민하게 된 것이다.

지적 생활을 위한 몸 관리

육체적 과로와 마찬가지로 정신적 과로의 존재를 부정할 생각은 없다. 정신적 과로는 분명 우리를 죽음으로 내모는 원인 중 하나이다. 하지만 그런 경우라 할지라도 결국 의학적 변명은 육체와 관련된 질병으로 귀결된다. 지적 노동은 간접 원인에 지나지 않는다.

이 얘기는 결국 사람의 몸이 전부라는 결론이 된다. 우리가 병에 걸리는 까닭은 무엇일까?

생각을 하고, 뭔가를 머릿속에서 창조한다고 해서 몸이 병들 리 없다. 우리가 책을 읽다 쓰러지고, 공부를 하다가 코피를 쏟고, 시를 쓰다 책상에 엎어져 심장마비에 걸리는 이유는 운동부족 때문이며,

즐거움이 결여된 단조로운 생활에 질려버렸기 때문이다. 아니면 스트레스를 풀기 위해 폭식을 감행하거나, 자기 흥에 취해 시 한 편 쓰고 폭음한 탓이다. 혹은 추운 방에서 고통을 참고 있는 육체를 자극 삼아 그 감정을 무리하게 쏟아내려고 했기 때문이다.

지적 생활과 정신노동은 여러 면에서 닮은 듯하면서 나른 점이 많다. 우선은 정서적 만족도인데, 지적 생활이 자족을 목표로 한다면 정신노동은 인정을 목표로 한다. 지적 생활은 나를 위한 활동이고, 정신노동은 나는 기본이요, 타인의 만족까지 신경 써야 한다. 그러므로 정신노동은 반드시 육체에 어느 정도 해악을 미칠 수밖에 없다.

여기서는 먼저 정신노동에 관해 살펴보겠다. 정신노동 종사자가 건강을 유지하기란 쉽지 않은 일이다. 그렇다고 불가능한 과제도 아니다. 마음 먹기에 따라서 얼마든지 가능하다. 워즈워스가 좋은 예이다.

워즈워스는 산책 도중에 많은 시를 쓴 것으로 유명하다. 산책은 걷기운동이다. 동시에 혈액순환이 이루어져 뇌에 맑은 피가 공급된다. 더불어 눈과 귀, 피부로 색다른 감각을 느끼게 된다. 워즈워스는 산책으로 책상에 붙잡혀 있는 시간을 줄였다. 몸을 거의 움직이지 않는 그 해로운 일상으로부터 잠시라도 벗어날 수 있었다.

W.A.F 디레인 씨는 또 어떤가? 그가 〈런던타임스〉 사장으로 일하고 있을 때가 〈런던타임스〉의 전성기였다. 그의 정력적인 활동은 젊은 기자들도 혀를 내두를 만큼 왕성했다. 디레인 씨는 지칠 줄 모르는 사람이었다.

그가 기자 초년병이었을 때 제일 먼저 맡은 업무는 런던 시내나 지방에서 열리는 순회재판소에서 사건을 취재하는 일이었다. 그때 디레인 씨는 건강의 중요성을 절감했다고 한다. 체력이 뒷받침되지 않고서는 좋은 기자가 될 수 없음을 깨달았다고 한다. 좋은 기사를 쓰는 것보다 건강한 기자의 몸을 갖추는 게 훨씬 어렵고 힘든 과정임을 알게 되었다고 한다.

그는 나중에 동료들이 깜짝 놀랄 만큼 건강한 신체를 자랑했다. 디레인 씨의 회고에 따르면 엄청난 절제와 훈련의 성과였다. 그는 순회재판이 열리는 곳을 찾아 도시에서 도시로 이동이 잦았다. 그런데 기차를 이용하지 않았다. 힘들게 말을 타고 다녔다. 왜 그랬을까? 법정의 더러운 공기와 기차의 탁한 공기에 계속 노출되었다간 건강이 나빠진다. 기사를 쓰는 스트레스도 장난이 아니다. 하지만 운동할 시간은 없다. 디레인 씨는 이동시간에 말을 탐으로써 쌓인 스트레스도 풀고, 야외에서 신선한 바깥 공기도 쐬고, 승마라는 좋은 운동까지 일석삼조의 효과를 누린 것이다.

또 지방에 출장나가서는 여관에서 주는 밥은 되도록 피하고, 좋은 식당을 찾아 반드시 아침을 먹고, 여유가 많을 때는 직접 장을 봐다가 요리해 먹었다. 동료 기자들과의 술자리는 피하기 힘들었다. 대신 과음을 피했고, 새벽까지 자리를 지키는 일은 가급적 멀리했다. 무엇보다도 술집에서는 절대 밥을 먹지 않았다. 술 한 잔 생각나는 것조차 경계한 것이다.

금주 습관을 지키고 신체에 활력을 줄 수 있는 운동을 종종 한다면 악조건 속에서의 노동에도 견딜 수 있다. 대부분의 사람들은 여름에 2주일 넘게 휴가를 즐기며 1년 간의 건강을 축적해두려고 계획을 세우지만, 그보다는 한 주간의 건강유지를 위해 2시간의 산책과 운동이 훨씬 더 효과적이다. 디레인 씨의 방식이 현명했던 것이다.

조르주 상드(1804~1876, 프랑스의 낭만주의 작가)가 모 신문사로부터 연재소설을 청탁받게 되었다. 그녀는 주의 깊고 신중한 작가여서 언제나 미리 필요한 준비를 해두지 않으면 마음이 놓이지 않는 성격이었다. 양심적인 노동자들이 그러하듯이 약속한 날짜를 넘겨 원고재촉을 받거나 하는 일을 견디지 못했다.

그러나 소설이라는 게 의자에 앉아 있다고 해서 쏟아져 나오는 게 아니다. 당연히 밤낮을 가리지 않고 무리해서 글이 나올 때까지 자신을 몰아붙이지 않으면 안 된다. 직장에서 말하는 연장근무 같은 것이다. 그녀는 연장근무를 매우 지혜롭게 받아들인 대표적인 작가이다.

상드는 한창 바쁜 낮에 시간을 쪼개 자연을 만끽하는 몇 시간을 하루일과에 반드시 포함시켰다. 물론 작업실도 시골에 마련했다. 그녀는 가장 따사로운 시간에 밖으로 나가 자연을 감상하고, 시골 장터를 구경하면서 머리를 식히고, 육체를 단련했다. 낮 동안의 이 짧은 운동시간을 확보하기 위해 상드는 남들이 술 마시고, 친구들과 만나 파티를 즐기는 저녁 시간에 홀로 서재에 틀어박혀 집중적으로 일했다.

아마도 대다수의 작가는 상드와 같은 상황에 놓였을 때 평소 하던 운동을 그만두고 일에 집중했겠지만, 오히려 상드는 지적 노동이 시작됨과 동시에 몸을 단련시키는 데 집중했다. 좋은 글을 쓰기 위해서는 한층 더 몸 상태가 건강하게 유지되어야 했기에 바쁜 시간을 쪼개 개인적인 시간을 만들고, 그 시간에 다른 모든 활동과 만남을 포기한 채 육체를 가다듬은 것이다.

이는 월터 스콧 경도 다르지 않았다. 그는 야외 스포츠를 무척이나 즐겼다. 장시간 앉아서 일해야 되는 직업특성상 관절과 혈액순환에 문제가 생길 수밖에 없다. 이 문제는 결국 심장이나 위, 폐 등에 안 좋은 영향을 끼친다. 약해진 장기는 사소한 병균과 컨디션 저하를 이겨내지 못하고 어이없이 쓰러진다. 스콧 경은 그 대안으로 스포츠를 택했다. 앉아서 일하는 지적 노동의 악영향을 최소한으로 줄이는 데 스포츠만한 해결책은 없었다.

사실 스콧 경은 지나치다 싶을 만큼 스포츠를 즐겼다. 격렬한 운동도 마다하지 않았다. 비평가 중에는 그의 지나친 스포츠 사랑이 죽음을 재촉했다고 평하기도 한다. 앞서 말한 바와 같이 우리 모두는 육체적으로 나약한 부분을 타고 난다. 생리적인 운명과도 같아서 내 몸의 어디가 어떻게 약한지, 이 약한 부분에 어떤 활동이 해가 되는지 우리는 정확히 인지하지 못하는 경우가 많다. 그래서 스콧 경이 중풍에 걸렸을 때 많은 사람들이 가뜩이나 글을 쓰는 사람이 육체활동까지 욕심을 냈기에 몸이 버티지 못하고 쓰러진 것 아닌가 예상했는데, 아마도 그가 격렬히 몸을 쓰는 육체활동에 그토록 열심을 보이지 않

았더라면 중풍은 더 빨리 그의 삶을 덮쳤을 것이다.

즉 우리는 이렇게 생각해볼 수 있다. 스콧 경은 많은 운동을 통해 육체를 단련시켰다. 그리고 단련된 그의 육체는 과도한 운동을 견뎌낼 만큼 강인해졌다. 따라서 운동 탓에 육체가 지장 받는 일 따위는 전혀 없었고, 오히려 단련된 육체를 바탕으로 맹렬하게 문필활동에 전념할 수 있었던 것이다.

지적 생활은 결국 신경조직에서 행해지는 활동이다. 신경조직이 건강하게 유지되려면 운동은 선택이 아닌 필수이다. 무슨 일이 있어도 우리는 몸을 움직여야 된다. 육체를 단련하는 일련의 과정들을 우리가 참아내고 수용할 수 있다면 그 효능은 지금껏 발견된 그 어떤 진정제보다 강력하게 작용한다. 스콧 경이 보여준 지적 생활은 무리가 아니다. 그는 타고난 약한 부분을 운동으로 보충했고, 그 효과를 지적 노동에 끌어들였다. 스콧 경이 육체를 단련하지 않았던들 그의 작가생활은 일찌감치 중단되었을 게 틀림없다.

프랑스의 동화작가 유젠느 슈는 매일 아침 10시까지 글을 썼다. 그는 주로 시골의 별장에서 창작활동에 몰두했는데, 오전 10시 이후로는 승마와 테니스, 정원돌보기를 하며 지냈다. 그녀는 글쓰기만큼이나 승마와 테니스, 정원을 사랑했다.

위대한 시인 셸리(1792~1822, 영국의 낭만파 시인)가 가장 좋아했던 일은 보트에서 노를 젓는 것이었다. 힘겹게 노를 젓는 동안 근육이 움직인다. 피가 돈다. 끝없는 구상과 명상에 잠겨 있느라 지쳐 있던 머리가 활발히 공급되는 혈액을 보충 받고 긴 잠에서 깨어난다. 노를 젓는 극도의 육체적 활동 중에 셸리의 머릿속에서는 새로운 시상이 떠오른다.

걸출한 지성의 소유자라고 해도 하루 종일 책상 앞에 앉혀놓으면 마음이 지쳐버린다. 책상과 마주 보고 있는 동안에는 자기 능력의 십분의 일도 끄집어내지 못한다. 책상은 지적 생활의 모태가 아니다. 책을 펼쳐놓는다고 해서, 펜과 씨름한다고 해서 지적 생활이 이루어지는 것은 아니다. 지적 생활은 말 그대로 생활 전반에서 의식하지 못하는 사이에 사고하고, 창작하고, 영감을 얻는 매순간이다. 이 점을 잊어서는 안 된다.

나는 감히 이렇게 단언한다. 우리 모두는 지적 생활에 최적화된 두뇌를 타고났다고. 모든 인간은 지적인 삶을 살아가도록 만들어졌다. 우리는 그렇게 진화되어왔다. 그러므로 누구든지 충분히 잠자고, 하루 중에 잠시라도 신체를 단련하는 기회를 마련하고, 몇 년 간 12시간 가까이 공부든, 저술이든, 분야에 상관없이 지적 활동에 매진한다면 엄청난 재능과 능력을 개발하게 될 것이다. 그리고 이 같은 활동은 절대로 우리 몸에 아무런 이상도 일으키지 않으리라고 자신한다.

그러나 몸을 움직이지 않으면 소화력과 흡수력이 약화되어 신선한 영양소가 가득한 혈액을 제때 머리로 공급해주지 못하게 되어 문제를 일으킨다. 우리의 뇌는 상당히 많은 양의 혈액을 필요로 한다. 지적 노동으로 대뇌질이 급속하게 파괴될 때는 더욱 그렇다. 그 때문에 과도한 정신노동 종사자들에게서 자주 목격되는 고통, 즉 노이로제가 야기되는 것이다. 노이로제는 정신적 스트레스가 주요 원인이 아니다. 강렬하게 불타오르는 정신을 나약해진 육체가 받쳐주지 못한 데서 비롯된 병이다. 약을 먹는다고, 휴식을 취한다고, 그 일에서 벗어난다고 해서 노이로제가 사라지지는 않는다. 오직 강화된 육체만이 노이로제를 극복하는 힘이다.

이 신경과민 상태는 사실 대자연의 친절한 경고로, 늦기 전에 이 경고에 주의를 기울이면 우리들은 더 이상 심각한 상태에 빠지지 않게 된다. 적당한 운동이 이런 상태에 빠지지 않는 가장 좋은 방법이며, 그것은 거의 유일한 치료법이기도 하다.

영국의 상류계급에서는 다행스럽게도 운동이 사교상 오락이라는 가장 좋은 형태로 행해지고 있지만, 대도시에 사는 우리 중산층은 그다지 충분히 운동하고 있다고 말하기 힘들다. 게다가 공부를 위해 운동을 포기해야 한다는 인식이 널리 퍼져 있다. 운동은 지적 생활의 필수요소임에도 철저히 무시되어온 것이다.

상상력이 풍부한 사람일수록 위험하다. 그들은 쉽게 유혹에 빠져버린다. 이 유혹의 정체는 자만심이다. 또는 자신감이라고 불러도 좋다. 자만은 위험한 습관이다. 재능이 넘치는 자들이 자만해진다. 그들의 노력은 일견 화려한 데가 있다. 어려운 문제를 쉽게 풀어내고, 남들보다 뛰어난 집중력을 발휘해 남들보다 짧은 시간에 성과를 이뤄낸다. 그들은 노력하는 동안 전력을 기울이는 본성이 있다. 단숨에 일을 해치우는 것이다. 마치 그 모습은 말을 닮았다. 마차를 끄는 말처럼 등에 짊어진 무거운 짐을 튼튼한 두 다리로 거뜬히 끌고나간다.

백퍼드(1760~1844, 영국의 괴짜 예술애호가)는 스무 살 어린 나이에 '바텍'이라는 그의 대표작을 완성했다. 겨우 사흘밖에 걸리지 않았다. 그 사흘간 백퍼드는 잠도 자지 않았다. 물 외에는 아무것도 먹지 않았다. 그렇게 작품을 완성시키고는 곧 쓰러져버렸다. 병에 걸린 것이다.

바이런도 백퍼드와 비슷한 유형의 천재였다. 바

이런의 가장 아름다운 시들 중 몇 개는 불과 한나절 만에 완성된 작품도 있다. 한나절 동안 바이런이 쏟아냈던 집중력은 얼마나 대단했을까. 길어도 하루 이틀이면 세계문학에 길이 남을 명작들이 완성되었다. 단순한 재능을 넘어서 그 시들이 완성되기까지 바이런이 감당했던 집중력과 신경과민 상태, 흥분, 절망은 육체에 상당한 부담으로 작용했을 것이 분명하다. 그의 내면에서 끓어오른 상상력이 출발점이 되었음은 말할 나위도 없다. 그에게 잠시의 이완이 더해졌더라면 바이런은 조금 더 오랫동안 우리 곁에 남아 있었을지도 모른다.

지적 흥분과 집중은 신경을 날카롭게 곤두세운다. 그리고 우리는 이 징후에 놀라 잠시 모든 것을 내려놓고 휴식을 취한다. 따라서 신경과민은 지적 노동의 해악과 같은 결과물이 아니다. 자연의 선물이다. 잠깐 휴식을 취하며 긴장을 풀고 몸에서 기운을 빼라는 가르침으로 여겨야 된다. 과민은 자연이 우리에게 베푼 정신치료인 셈이다. 긴장된 상상력에서 잠시 떠나 몸과 마음을 천천히 회복시킬 때가 되었다는 충고다.

지적 생활은 육식동물의 생태와 닮은 점이 많다. 맹수는 간격을 두고 사냥에 나선다. 눈앞에 먹잇감이 뛰어다닌다고 해서 무조건 쫓지는 않는다. 휴식을 취해야 될 때는 먹으라고 고기를 던져줘도 거들 떠보지 않는다. 휴식이야말로 지친 두 다리에 생기를 불어넣고, 힘줄을 끊는 데 사용한 턱 근육을 이완시켜주며, 다시금 사냥의 목적, 즉 굶주림이라는 욕망을 발생시킨다는 것을 맹수는 알고 있다. 휴식을 통해 맹수는 전투력을 유지한다.

인간도 마찬가지이다. 장기간에 걸쳐 정신에 휴식을 부여한다. 스포츠 등의 건전한 오락을 즐긴다. 육체를 최선의 상태로 만들어놓는다. 그러면 조급해하지 않아도 지적 생활의 대전제인 상상력이 자연스레 생성된다. 나는 이를 두고 '지성의 회복'이라고 부른다.

탈진한 두뇌는 스스로 자학 같은 정신노동에 달려들지 않는다. 자발적으로 힘든 사고력을 요구하는 지적 노동과 피로를 한층 더 증대시키는 지나친 학업에 열광하지 않는다. 두뇌도 몸의 일부분이다. 근육이 그러하듯, 뼈와 장기가 그러하듯 지쳤을 때는 휴식을 원한다. 이것은 자연의 본능이다. 우리 안에는 자연의 본능이 간직되어 있다. 피로한 지성은 틀림없이 당신에게 휴식과 기분전환과 부족했던 육체활동을 요구할 것이다. 우리가 해야 할 일은 잠깐 동안만 지적 노동에서 벗어나 생활을 정리하는 것이다. 정신적 피로에서 탈출하는 것이다.

여기서 말하는 피로란 안락한 수면을 약속해주는 기분 좋은 육체의 피로감과는 다르다. 망상과 불안과 밤을 지새워서라도 끝마치고 싶은 내면의 발상과 공포와 환영이 가져다주는 심리적, 정신적 피로다. 잠들지 못한 채 밤새 뭔가를 끄적이고 뒤져봐야 하는 불쾌한 감정의 피로다.

완벽한 지적 생활자 칸트의 생활 습관

칸트는 건강을 유지하는 기술에 있어서는 명인의 경지에 이르렀다. 이불로 발끝에서 어깨까지 감싸는 그만의 독특한 수면법을 개발하여 마치 침대에 누워 있는 한 마리 누에고치처럼 잠들곤 했다. 칸트는 친구에게 종종 이런 말을 했다고 한다.

"이렇게 기분 좋게 침대에 감싸여 있을 때면 세상에 나보다 더 건강한 사람이 또 있을까, 라는 생각이 든다네."

칸트는 자신이 건강하다고 느꼈을 때 가장 행복했던 것이다. 칸트는 철학자 가운데 굉장히 건강한 인생을 산 대표적인 인물이다. 극도의 정신노동에 시달리면서도 장수했고, 평생토록 몸에 큰 이상 없이 지적 능력을 발휘했다.

칸트는 첫째 튼튼한 체질이었고, 두 번째 생활습관 면에서 극도로 철저했다. 지나치게 신경질적이어서 젊은 날에는 종종 위기에 빠지기도 했다. 그는 이런 상태로 오랫동안 지적 생활에 나설 수 없을 것 같다는 두려움에 사로잡혔다. 그래서 정신세계를 탐구하듯 자기 몸을 탐구하기 시작했다. 육체에 대한 공부를 시작한 것이다. 칸트는 우선 생활을 연구했다. 자기 몸과 철학자라는 직업에 가장 적합한 생활패턴을 찾아내고자 30년 넘게 스스로를 관찰하며 조금씩 진보시켜나갔다.

칸트는 늘 같은 시간에 일어나, 같은 시간에 잠들었다. 몸에 하루 동안 주어지는 시간의 총량을 정확히 입력함으로써 집중할 때와 휴식할 때를 명확히 구별했다. 칸트에게 육체는 기계였다. 기계가 순조롭게 작동하려면 끊임없이 기름칠을 하고 돌봐야 하며, 설계도대로 관리해야 한다. 칸트는 자기 몸을 작동시키는 최고의 기술자였다.

칸트는 순조로운 지적 생활은 순조로운 육체생활에서 기인한다는 진리를 망각하지 않았다. 괴테처럼 낮에 머리가 아프다고 투덜거리면서 밤이 되면 또 두통의 원인이 되는 술에 취하는 어리석음을 저지르지 않았다. 그는 건강이야말로 철학자로서 자신에게 가장 필요한 재능임을 잊지 않았던 것이다. 그래서 전력을 다해 건강을 유지하고자 힘썼다. 칸트만큼 평생을 바쳐 강한 의지로써 지적 생활을 지켜내려고 노력한 정신노동자는 유례를 찾기 힘들 정도다.

칸트의 생활에는 세상이 말하는 일반적인 습관이나 취향은 존재하지 않았다. 오직 자기 몸이 요구하는 대로 따랐다. 위대한 두뇌 노동자는 세상 사람들의 습관을 따라가서는 안 된다. 지적 생활에는 희생과 절제와 남다름이 필요하다. 세상 사람들이 아무렇지 않게 받아들이는 생활습관에는 다수의 인간이 요구하는 편리성이 가득하다. 대중이 만들어낸 편안한 일상은 사실 진정한 편안함과는 거리가 있다. 그것은 나태이자, 지나친 휴식, 또는 도가 넘치는 향락이다. 최고의, 그리고 최선의 지적 생활에는 중대한 방해가 될 뿐이다.

좋은 예가 칸트의 극단적인 맥주 혐오다. 맥주는 유럽인이 즐기는 최고의 술이다. 적당한 알콜과 기분 좋은 목 넘김, 대화, 하루의 피로를 회복시켜주는 기름진 안주들은 일상에서 맛볼 수 있는 최적의 휴식과 위안이다. 특히나 칸트처럼 과도한 지적 노동에 시달린 사람들에게 일과가 끝난 뒤에 맛보는 맥주 한 잔의 여유는 내일 또다시 하루를 맞이할 수

있게 힘을 북돋아주는 크나큰 위로다. 게다가 칸트
의 고향은 맥주의 본원이라 불리는 독일이다.

그런데 칸트는 맥주를 마시지 않았다. 마시지 않
았을 뿐 아니라 혐오했다. 왜냐하면 그에게 맞지 않
았기 때문이다. 맥주를 마시면 칸트는 소화가 잘 되
지 않았다고 한다. 또 다른 이유는 술집에서 여러
사람들과 어울려 마시는 분위기다. 소심하고 정적
인 칸트에게 사람들과의 어울림은 신경을 자극하는
원인으로 작용했던 것 같다. 칸트는 맥주가 모든 사
람에게 부적당하다고 주장하는 어폐를 보이기도 했
다.

영국인은 풍성한 저녁식사야말로 그날 하루 노
동의 근본이자 가치라고 믿어왔다. 칸트로서는 도
저히 용납할 수 없는 믿음이겠지만 말이다. 왜냐하
면 칸트에게 식사란 아침에 차 한 잔, 담배 한 개비,
점심은 정각 오후 1시에 가볍게, 그리고 저녁은 먹
지 않았기 때문이다.

규칙성
칸트는 새벽 다섯 시에 차와 담배 한 대로 아침
식사를 마친 후 강의준비와 집필을 시작했다. 그렇
게 여덟 시간 동안 쉬지 않고 일했다. 일이 끝난 오
후 1시에 단골식당에 가거나, 꼭 만나야 되는 사람

들과 점심을 먹었다. 이후로는 음식을 일절 입에 대지 않았다.

정상적인 식사생활은 아니다. 칸트의 습관을 따라해서도 안 된다. 그리고 비난해서도 안 된다. 그런 일과가 칸트의 몸에 가장 적합했을 뿐이다. 칸트는 보통 저녁 여섯 시부터 밤 열 시 십오 분까지 책을 읽었다. 만약 저녁식사를 했더라면 독서에 방해가 되었을 것이다. 저녁 약속이라도 생기면 사람들을 만나고 돌아와 흥분된 정신상태로 책을 읽기는 쉽지 않았을 것이다. 하루에 단 한 번 제대로 된 밥을 먹는 칸트의 식습관은 그 당시에도 의학상 강력한 반대가 있었다. 특히 영국에서 칸트처럼 생활했다간 법적인 강제조치에 내몰릴지도 모른다. 그런데 내가 알고 있는 지인 가운데 40년 가까이 칸트처럼 생활하신 분이 있다. 많은 나이임에도 정정하다. 지적 활동도 왕성하다.

칸트가 생활에 영향을 미칠 수 있는 모든 부분에 얼마나 집중해서 신경 썼는지 몇 가지 사례를 살펴보겠다.

칸트는 의식적으로 두뇌를 사용해야 하는 일들, 예를 들어 독서라든가, 사색, 집필, 고민 등은 반드시 잠들기 15분 전에 끝마쳤다. 그에 따르면 잠들기 전에 머리에 휴식을 주는 것이 중요하다고 한다. 머리가 휴식하지 못하면 제대로 잠들지 못한다는 주장이다. 잠을 자도 숙면이 아니라고 한다. 비단 칸트뿐 아니라 우리도 흔히 경험하는 이야기이다. 오늘의 지적 생활은 어젯밤 숙면했느냐와 직결된다. 전날 충분히 수면을 취했을 때는 오늘 하루 정신이 맑다. 반대로 밤 늦도록 유흥을 즐겼거나, 고민으로 잠자리에서 뒤척인 다음날은 머리가 무겁다. 바로 이 점 때문에 칸트는 자신의 지적 생활에서 수면을 매우 중요한 요소로 취급했다. 양질의 수면을 확보하기 위해 매순간 조심했고, 계획대로 몸을 움직였다. 날씨와 계절에 상관없이 매일 같은 시간에 산책을 나선 이유도 숙면에 도움이 되었기 때문이다.

칸트는 언제나 혼자 산책길에 나섰다. 그 이유가 기발하다. 동행이 따르면 말을 하게 된다는 것이다. 말을 하게 되면 공기를 입으로 마시게 되는데, 칸트는 이것이 몸에 안 좋다고 생각했다. 코로 숨을 쉬어야만 차가운 바깥 공기가 콧속에서 어느 정도 따뜻하게 데워져 폐로 내려간다고 믿었다. 헌데 말하면서 입으로 숨을 쉬면 차가운 공기가 바로 폐까지 내려가 몸을 상하게 된다고 여긴 것이다.

한편 하루에 딱 한 번뿐인 점심식사에는 잊지 않고 손님을 초대했다. 식사는 남들과 환담하며 즐겨야 된다고 생각했기 때문이다. 칸트의 이런 생각에는 생리학적 근거가 있다. 말을 하며 음식을 먹으면 소화가 빨리 된다. 아무래도 급하게 과식할 위험이 줄어든다. 또 지적인 자극과 정보가 더해진다. 아마도 칸트의 노림수는 후자였을 것이다.

이처럼 생활 전반에 주의를 기울였기에 칸트는 육체와 정신을 훌륭히 조화시키는 데 성공했다. 칸트의 성공적인 일생은 지적 노동자 중에 매우 희귀한 사례이다. 지적 생활이 아닌 생존을 위한 지적 노동은 앞서 여러 차례 밝힌 바와 같이 몸과 마음에 엄청난 과부하를 전가한다. 그 부담감을 이겨내고 오랫동안 장수하며 최고 수준의 지적 창작물을 얻어내기까지 칸트가 감수해야 했던 노력과 인고의 시간들을 떠올려보자. 우리가 칸트처럼 살아야 한다는 얘기는 아니다. 단지 우리도 우리 몸에 맞는 습관들을 찾아내 칸트처럼 장기간 실천한다면 각자의 재능이 보여줄 수 있는 최고 수준의 지적 생활에 도달할 수 있다는 희망을 이야기하고 싶은 것이다.

여기에 덧붙이고 싶은 말도 있다. 지적 생활이 행복과 직결되는 사안은 아니라는 점이다. 과연 칸트는 행복했을까? 칸트는 규칙 속에서 조용한 행복을 찾아냈다고 말한 바 있다. 실제로 행복은 내 안의 질서들로부터 만들어진다. 좋은 습관이 행복을 불러온다. 습관이 이렇듯 무섭다. 습관은 인류의 본능이며, 불변의 법칙이다. 우리는 본성을 만족시키는 수단으로 습관을 만들어냈다. 하지만 판에 박은 습관은 좋지 않다. 누군가 이런 습관으로 성공했다고 해서 그 습관이 내 인생을 성공으로 인도해주는 것은 아니다. 칸트처럼 산다고 해서 모두가 칸트처럼 지적 능력을 발휘할 수 있는 것은 아니다. 내 몸에 맞는 나만의 습관이 필요한 까닭이다. 물론 공통점은 있다. 양질의 지적 생활은 절대적인 고요함을 가져오는 습관을 원한다는 점이다. 차분하게 정돈된 생활에서 지적인 습관이 유지된다는 것이다.

칸트는 평생 여행이라는 걸 해본 적이 없었다. 무엇보다도 그는 독신이었다. 이건 가정이지만, 그가 결혼했더라면 우리와 마찬가지로 견디기 힘든 번민에 괴로워했을 것이다. 칸트는 결혼마저 거부하며 자신의 삶을 지켜냈다. 따라서 큰 불편함이 없었다. 그의 환경에 전쟁이라든지, 결혼이라든지, 출산과 경제적 압박 등이 더해졌었다면 칸트는 그 같은 불편함에 어떤 식으로 대응했을까, 궁금해지는 대목이다. 칸트처럼 세밀한 규칙들로 가득한 일상이 유지된 것 자체가 놀랍다. 어떻게 그의 삶에 단한 번도 외부적 불편함이 더해지지 않았나, 신기하다.

우리가 칸트를 주목해야 되는 까닭은 그가 위대

한 철학자인 동시에 위대한 생활인이었기 때문이다. 세상이 만들어놓은 습관에 굴복하지 않고 자기만의 습관을 만들어 철저히 따른 인고와 절제와 목표의식은 칸트로부터 배워야 될 최고의 인생철학이다. 독립된 인격은 독립된 생활에서, 독립된 정신에서 만들어지는 것이다. 남들과 다른 옷을 입고, 다른 말을 하고, 법을 어기고 정부를 무시한다고 해서 독립된 인격체가 되는 것은 아니다. 인격은 우리 눈에 보이지 않는다. 따라서 남들이 보지 못하는 은밀한 개인적 일상에서 인격의 독립이 이루어져야 되는 것이다.

두뇌활동에 나서고 싶다면, 지적 생활을 동경한다면 반드시 자기에게 가장 적합한 방법으로 생활을 관리해야 한다. 나만의 규칙을 세워야 한다. 그 규칙을 무슨 일이 있어도 지켜내야 한다. 각오가 필요한 일이다. 지적 생활은 동경이 아닌 각오에서 출발한다. 특히 권위 있는 지적 생활을 참고하여 현명한 사람들이 어떻게 자신을 관리하고 만들어나갔는지 살펴보는 게 중요하다. 대신, 무작정 따라해서는 곤란하다.

식습관
내가 알고 있는 유명한 저술가 중 한 분은 오전

열한 시만 되면 정해놓고 기분이 나빠진다. 그 시간만 되면 기분이 최악으로 치달아 자기 운명을 한탄한다. 내 경험상 식이요법은 효과가 상당하다. 식이요법은 신체를 위해서가 아니라 마음을 치료하기 위해 고안된 기법이다. 요즘 사람들은 살을 빼고 독소를 해독하기 위해 식이요법에 나서고 있는데, 식이요법이 등장한 이유를 모르는 데서 야기된 주객전도가 아닐 수 없다.

나는 이분에게 식이요법을 권하기로 했다. 하루는 그분을 찾아가,

"아침에 입맛은 좀 있으십니까?"

하고 물어보았다.

"아니, 무슨 맛인지도 모르고 먹어요."

"그런데 왜 억지로 식사를 하려는 거죠?"

이유를 듣고 보니 어이가 없었다. 이분은 아주 전형적인 영국인이었다. 모두가 그 시간에 아침을 먹고 있으므로 나도 그 시간에 그들과 같은 메뉴의 아침식사를 먹어야 한다는 것이다. 어리석게도 맛없는 커피를 두 잔이나 마시고, 기름진 베이컨을 빵에 올려 우걱우걱 씹어대는 고통을 감내하는 시간이 아침 열 시 반이었다. 당연히 식사를 끝마친 열한 시부터 우울한 감정이 밀려왔던 것이다.

그분을 설득했다. 입맛이 없다면 굳이 아침식사

를 하지 않아도 된다, 오전 내내 아무것도 먹지 말라. 그리고 점심 무렵에 그분을 밖으로 불러내 프랑스 레스토랑에서 맛있게 요리된 고기를 조금 시키고, 독하지 않은 보르도 산 와인도 반 잔만 시켰다. 효과는 즉시 나타났다. 한 달쯤 지나자 더 이상 열한 시가 되어도 기분이 우울해지지 않았다. 소식과 먹고 싶을 때 밥을 먹는, 어떻게 보면 영국의 전통적인 식습관에서 조금 어긋난 나만의 습관으로 인해 그분은 지적으로 보다 능동적인 사람이 되었다. 기분이 상쾌해지니 글도 더 잘 써진다. 책을 읽어도 집중력이 높아진다. 사람들과의 대화에서 소득이 있다. 그의 내면에서 풍기는 여유가 위로를 필요로 하는 독자들에게 전달된다. 이 모든 긍정적 변화는 아침에 커피를 마시지 않고 베이컨이 올려진 빵을 포기하는 것에서 시작되었다. 그는 지금도 이 습관을 지켜나가고 있다. 식이요법은 다른 게 아니다. 채소를 다량 섭취하고, 고기를 피하고, 물을 많이 마시는 건 아무런 소용도 없다. 진정한 식이요법은 생활개선이다. 나에게 맞는 생활습관을 찾아내 지켜나가는 것이다.

작은 습관의 변화가 비참했던 생활에 한 줄기 빛을 가져온다. 피로가 줄어든다. 일의 능률이 올라간다. 그분의 위장은 아침식사를 원치 않았던 것이다.

무리하게 먹어서 위로 피가 쏠려 뇌에 필요한 혈액
이 줄어든 게 원인이었다. 적은 영양소로 지적 노동
에 나선 두뇌는 당연히 피로했을 테고, 그 피로감이
마음을 울적하게 만들었다. 그렇게 식사도, 일도 놓
쳐버린 것이다.

그런데 사람에 따라서는 정반대의 경우도 있다.
파리에 사는 내 친구는 프랑스풍의 커피와 빵 한 조
각이 전부인 아침식사에 화가 나서 아침 여덟 시부
터 영국식 만찬을 결정했다. 그랬더니 기분이 상쾌
해지고 포만감이 생겨 일이 더 잘되었다고 한다. 아
침을 워낙 많이 먹어 점심은 거르고 저녁 여섯 시에
두 번째 식사를 했는데, 그 시간이 되기까지 배도 고
프지 않고 기분 좋게 일할 수 있었다는 고백이었다.

괴테는 아침식사를 하지 않았다. 오전 열한 시에
뜨거운 초콜릿을 한 컵 마시고, 오후 한 시까지 일
에 몰두했다.

"보통 오후 두 시에 점심을 먹는다. 이 식사는 나
의 하루일과 중 가장 중요한 순간이다. 나는 식욕이
왕성한 편이다. 배가 고프지 않은 날에 먹는 양이
다른 사람들 두 배는 족히 되었다. 푸딩과 설탕과
자, 케이크를 즐기며, 와인을 마실 때는 새벽까지
테이블을 떠나지 못한다. 나는 와인을 사랑한다. 매
일 두세 병은 마셔야 된다."

괴테의 일기에서 발췌한 그의 식습관이다.

정력적으로 일하는 프랑스의 어느 유명한 출판업자는 그 당시 가장 두뇌회전이 빠른 인물이었는데, 이 사람은 저녁 여섯 시까지 일체 아무것도 먹지 않았다. 그리고 여섯 시가 되면 손님과 함께 고급식사를 했다. 이 출판업자는 그와 같은 식사법이 자신의 일에 적합하다는 것을 알고 있었지만, 그 사람만큼 튼튼하지 않은 사람이 그런 생활을 했다가는 하루도 못 넘기고 쓰러질 것이다.

튀르고(1727~1781, 프랑스의 정치가, 경제학자)는 배불리 먹지 않으면 일을 할 수가 없었지만, 많은 사람들은 배불리 먹은 뒤에는 머리가 돌아가지 않는다. 따라서 스콧이나 괴테 같은 예외도 있지만, 과식만큼 두뇌 노동을 방해하는 건 없다. 지적 노동자는 가능한 양질의 영양소를 섭취하는 게 중요하지만, 그 양은 위가 충분히 소화해낼 수 있는 범위여야 한다. 뇌는 항상 에너지를 공급해줘야 한다. 에너지가 부족하면 뇌는 활동하지 않는다. 에너지는 결국 우리들이 먹은 것으로부터 만들어진다.

지적 생활에는 양질의 에너지가 필요하지만, 동시에 지적 생활은 책상 앞에 앉아 있는 시간이 길다는 의미이기도 하다. 많이 먹고 책상 앞에 앉아 있으면 필연적으로 소화기능이 떨어진다. 두뇌노동자가 사냥꾼이나 농부처럼 먹는다면 어떤 상황이 펼쳐질까? 우선 먹은 걸 소화시키는 데만 적잖은 에너지가 소모될 것이다. 그럼에도 음식물은 완벽하게 소화되지 않을 테고, 그로 인해 불쾌한 배부름이 두뇌노동을 괴롭힐 것이다.

그럼에도 두뇌노동자에겐 사냥꾼이나 농부 이상으로 양질의 식품이 필요하다. 육체노동자 이상으로 두뇌노동은 에너지를 소모시킨다. 두뇌노동에는 엄청난 기력이 소비된다. 좋은 음식물을 꾸준히 섭취하면서, 그 반작용이라고 할 수 있는 과식을 피하는 비법은 질 좋은 음식을 적게, 자주 섭취하는 방법 외에는 없다. 요리는 과학적으로 굉장히 수준 높은 활동이다. 요리의 중요성은 아무리 과장해도 지나침이 없다. 감히 단언하건대 지적 생활에서 음식이 차지하는 비중은 지적 생활에 종이와 인쇄, 펜이 차지하는 비중 그 이상이라고 생각한다. 최선의 지적 생활은 무엇을 먹느냐에 달려 있다고 해도 과언이 아니다. 아쉽게도 우리가 미처 신경 쓰지 못하는 부분이기도 하다.

요리는 지적 생활의 기초를 이루는 일종의 과학이다. 우리 목적에 적합한 음식을 만들고, 적당량을 섭취하는 일련의 습관은 우리가 익혀야 될 과학 중의 과학이며, 인류를 현재와 같은 형태로 만들어낸 어머니라고 할 수 있다. 오직 맛을 위한 요리는 중세 암흑시대와 다를 게 없다. 가장 무지한 형태의 요리가 몸에 좋다는 말도 안 되는 미신이 여전히 판을 치고 있으나, 지적 생활을 추구하는 우리에겐 통용되지 않는 법칙이다. 우리가 추구하는 삶의 모습을 도와줄 수 없는 음식은 굶주림이나 소화불량을 가져오게 하는 것이나 똑같다.

와인과 맥주

술에 대한 문제도 음식물 못지않게 중요하다. 약간의 알콜 성분이 첨가된 양질의 자연산 와인은 뇌에 좋은 자극을 준다. 동시에 긴장도 이완시켜준다. 이는 널리 알려진 사실이기도 하다. 괴테는 일생 동안 무려 5만 병의 와인을 마셨다고 한다. 와인에 있어서 만큼은 굳이 괴테를 본받으라고 말하지 않겠다. 재미나게도 와인을 즐겨 마시는 국민은 다른 음료를 즐기는 국민과 비교했을 때 예민하고 활발한 두뇌활동을 보여준다고 한다. 포도의 순수한 과즙이 두뇌에 힘을 더하고, 활동을 장기간 지속시켜준다는 것은 오랜 역사를 통해 증명되었다. 대대로 시인들은 와인의 힘을 노래해왔다. 그들은 술에 취해 세상을 기만한 게 아니다. 그들 스스로 술에 취해 속았던 것도 아니다. 포도를 재배하는 모든 나라에서 포도열매는 자애로운 어머니로 대접받는다. 어머니가 자식을 죽이는 일은 매우 드물다. 어머니의 본성에 자녀를 살해하는 습성은 없다.

포도농사가 불가능한 좀 더 북쪽에 위치한 나라들에서는 폭음이 주요 사망원인이다. 빵과 와인은 예부터 내려오는 전통적인 제조방식이 현재도 유지되는 몇 안 되는 인류의 유산이다. 빵과 와인은 자연이 준 선물이라고 할 수 있다. 빵과 와인은 그 자체로 해가 없다. 지나치게 섭취하는 인간이 문제이다. 물도 과하게 마시면 병이 된다. 와인도 과하게 마시면 병이 된다.

그러나 진과 압생트(독한 양주)는 이야기가 다르다. 병에 담겨 있기는 해도 이것들은 정신을 잃게 하는 광기이다. 칸트와 괴테는 순수한 라인산 와인을 사랑했다. 두 사람의 뇌는 죽기 직전까지 명석하고 활발했다. 반스(1801~1886, 영국의 시인)와 바이런, 알프레드 드 뮈세(1810~1857, 프랑스의 낭만파 시인, 극작가)의 몸을 망친 주범은 와인이 아니었다.

칸트는 맥주를 싫어했다. 그렇다고 맥주가 나쁘다는 건 아니다. 북방산 생맥주에는 영국인이 친근감을 느낄 만한 가치가 담겨 있다. 맥주는 신경조직에 독특한 효과를 가져온다. 다른 음료에서 쉽게 얻지 못하는 편안함과 차분함을 가져다준다. 맥주는, 비유컨대 조용하지만 다소 얼이 빠져 있는 동네친구를 닮았다. 화려하게 피어나길 원하는 지성을 자극하는 데 조금 부족한 면이 있다. 어떤 시인은 맥주를 가리켜 우직하게 일만 하는 소에 비유했다.

이런 맥주가 때론 지적 노동에 큰 위안이 되어준다. 활동에 지친 두뇌에 차분함을 가져다주는 것이다. 머리를 지나치게 많이 써서 짜증이 밀려올 때는 큰 컵에 가득 따른 맥주가 최고의 처방이다. 그 한 잔이 우리를 느긋하고 너그럽게 만들어준다.

와인 애호가는 날카롭지만 쉽게 흥분한다. 맥주 애호가는 둔중하지만 그 둔중함 속에 평화가 있다. 충실하고 다스리기 쉬우며, 금방 화내는 법이 없고, 폭력에 호소하지 않는 침착함이 있다. 겉으로 보여지는 영국인의 국민성은 지난 수천 년 동안 영국인이 마셔온, 그리고 앞으로도 몇 천 년 넘게 마실 것이 분명한 저 황금색 투명한 음료에서 유래되었다고 봐도 지나치지 않다.

지적 생활에 도움이 된다는 의미에서 맥주와 와인에 대해 호의적인 의견을 피력했지만, 부디 다음과 같은 사항을 잊지 말길 바란다. 나는 술을 습관적으로 마시기를 권한다. 피곤할 때, 잠시 휴식을 취해야 될 때, 기분전환의 용도로 정해진 습관 내에서 술을 마셔야 된다. 주신(酒神) 바커스처럼 주연을 벌려 미친 듯이 마시며 떠들어대라고 권하지 않는다. 습관적인 음주도 각자의 체질에 맞게끔 범위를 정해놓고 마셔야 한다. 스콧이나 괴테의 과도한 음주습관은 그들의 체질이 술을 버텨냈기에 가능했다. 누구든지 그렇게 술을 마실 수 있는 건 아니다. 아무리 튼튼한 육신이더라도 술을 이겨내지 못하는 체질이 있다. 술 한 잔에 머리가 굳어지고 몸이 둔해지는 사람도 많다. 자신의 체질을 무시해서는 안 된다.

내가 아는 대단히 유능한 분이 있다. 이분은 아무리 순수하게 발효시킨 와인일지라도 한 모금만 마시면 머리가 깨질 듯 아파온다고 고통을 호소한다. 그런 사람이 두 명이나 된다. 여기서 내가 하고 싶은 말은 자극적 물질이 신체에 좋은 영향을 미치기도 하지만, 단연코 위험도 동반한다는 점이다. 설령 우리 몸이 그 자극을 기분 좋게 받아들여 유용하게 활용하는 와중에 그 달콤한 기쁨에 취해 과음하게 되는 경우가 종종 발생한다는 것이다. 특히 과로—불행히도 현대사회와 과로는 멀어질 수 없는 관계이다—는 외부자극을 간절히 바란다. 내면에서는 더 이상 이 고통과 지루함을 이겨낼 자신이 없다고 슬피 운다. 어쩔 수 없이 진한 커피, 끝없는 흡연,

때에 따라서는 술로 과로가 안겨준 슬픔과 고통에 맞서게 된다. 문제는 그런 자극들이 신체의 한계에 도달한 우리를 넘어가서는 안 될 곳으로 데려간다는 것이다. 판단을 그르치게 만들고, 도를 넘도록 우리를 충동질한다.

자극이 가져다주는 좋은 효과들이 근거 없는 낭설이라고 말하지는 않겠다. 정해진 수용범위 내에서 확실히 효과가 있다. 하지만 많은 이들이 도를 지나쳐버린다. 그 때문에 긍정적 자극이 나쁜 것으로 매도되기도 한다. 분명 잘 쓰면 약이 되는데 악용과 남용으로 독이 아닌가, 의심하게 만든다. 술은 우리 인생의 훌륭한 동지이다. 그럴 만한 능력과 자격이 있다. 우리가 미처 찾아내지 못했던 또 다른 힘을 북돋아준다. 그런데 술이라는 동지를 과신했을 때 술은 우리에게 거짓을 말한다. 내가 가진 능력을 과대포장해 위험한 길로 나아가게 만들고, 내가 느낀 감정의 진폭을 뒤흔들어 극도의 분노와 극도의 슬픔을 안겨준다. 술에 취한 우리는 내가 할 수 있는 일이 아님에도 그런 상황을 지나치지 못하고 개입하려 든다. 음주습관은 식습관과 마찬가지로 지적 생활을 추구하는 사람들에게 꼭 필요한 토대이다. 그러나 지나쳐서는 곤란하다. 질 좋은 술을 적당히 마시는 게 중요하다. 최선의 방법은 순수하게 빚은 와인을 취하지 않을 정도로 마시는 것이다.

흡연

다음으로 흡연에 대해 고민해보겠다. 담배는 더이상 사치품목이 아니다. 거리마다 담배가 보급된 시대를 우리는 살아가고 있다. 담배가 확산되면서 흡연자와 비흡연자 간에 충돌이 일어나고 있다. 각자는 워낙 의견이 확고해서 이 싸움은 담배가 사라지지 않는 한, 그치지 않을 것이다. 각자의 논리가 뛰어나서 사실상 양측을 만족시킬 만한 결말은 도출되기 힘든 상황이다.

굳이 어떤 결론을 내려야겠다면 담배는 때와 장소에 따라 전혀 다른 두 가지 효과를 가져온다고 말할 수 있겠다. 담배는 몸의 컨디션에 따라 자극물로 작용할 수도 있고, 마취제로 작용할 수도 있다. 담배가 싫다는 사람은 담배를 마취제로 규정한다. 일시적인 효과에 대해 얘기하자면 나의 경험상 마취제라는 의견은 옳지 않은 듯싶다. 지금까지 내가 사람들로부터 전해들은 재미난 이야기들, 재치가 넘치는 훌륭한 사상에는 언제나 담배연기가 함께하고 있었다. 또 현대의 유명작가들 작품은 대부분 담배를 피우면서 집필되었다.

내 경험을 짧게 소개하자면 적당한 흡연은 뇌에

기분 좋은 자극이 된다. 대신 부작용으로 근육조직에 일시적인 권태를 불러일으킨다. 휴식 도중에는 문제가 되지 않는다. 그러나 근육을 움직여야 되는 상황에서 흡연을 하는 건 분명 장애가 된다. 그래서 운동 중이나 강도 높은 노동 중간에 담배를 피우는 것은 권할 만한 행동이 아니라고 생각된다. 쉬고 있을 때나 지나친 두뇌노동으로 지쳤을 때 담배를 피운다면 흡연에서 우리가 얻을 수 있는 최선의 결과를 보게 되리라 여겨진다. 다만 이 주장은 지나친 흡연으로 육체의 변화를 느껴본 적 없는 매우 소극적인 흡연자의 체험에 근거한 의견임을 명심해야 된다.

한편 육체노동에 종사하는 사람에게도 흡연은 긍정적인 자극이 될 수 있다. 이따금씩 담배를 피웠을 때 일시적인 권태감보다는 근육에 좋은 자극이 더해지는 것으로 보인다. 흡연의 효과는 음주와 마찬가지로 사람마다 차이가 있다. 내 경험이 보편적이지는 않다. 담배를 지나치게 많이 피우는 사람은 쉽게 불안감을 느낀다. 그 불안감을 담배로 진정시키는 습성이 몸에 배어버린 탓이다. 적당한 흡연은 지력에 큰 영향을 미치지 않는다. 그러나 지나친 흡연은 사람의 의지를 나약하게 만든다. 중독이다. 종류에 상관없이 중독은 인간의 의지를 공략한다. 의

지가 강한 사람은 무엇에도 중독되는 법이 없다. 자신의 의지에 기대지 못하는 사람들이 뭔가에 중독된다. 지나친 흡연자의 특성은 의지부족이다. 그 증거로 그들은 실천하기 전에 말이 많다. 끝없이 이야기한다. 노력보다는 입으로 해결하려는 태도가 역력하다.

이에 대한 의학의 견해는 가지각색이다. 의학상 소견은 우리가 품고 있는 의혹을 짙게 할 뿐이어서 그다지 참고할 수준은 아니라고 보여진다. 어떤 의사는 소극적인 흡연도 몸에 해롭다고 주장한다. 반면에 소극적 흡연은 몸에 그다지 해가 안 된다고 주장하는 의사도 있다. 내 경험을 토대로 이야기한다면 담배보다는 차나 커피가 지적 생활에 더 큰 위협이 되었다.

차와 커피

거의 모든 영국인이 매일 차를 마신다. 차는 생각보다 성분이 강해서 차에 중독되는 경우가 많다. 지나치게 차를 많이 마시게 되는 셈이다. 차에 중독된 사람은 습관적으로 차를 마셔야만 기분이 온화해진다. 차 성분이 몸에서 떨어지면 불쾌한 기분을 참지 못하게 된다. 그럼에도 차가 그다지 위험하게 느껴지지 않는 까닭은 차에 중독된 사람들의 평소 생활이 흡연이나 술에 중독된 사람들과 비교해서 타인에게 위협적이지 않기 때문이다.

차는 두뇌노동에 좋은 자극제이다. 적당히 이용한다면 상쾌한 자극이 되어준다. 세상에서 가장 안전한 자극물질이라고 불러도 좋을 것이다. 그 위안을 끊어야 될 이유가 없다. 이 또한 적당량을 상용했을 때의 이야기이다.

차에 중독되어서 오히려 지적 생활이 발전되었다는 사람도 있다. 절친한 목사님이 한 분 있다. 이분은 종교적인 신념 때문에 맥주와 와인을 끊었다. 그 대신 찻잔에서 위안의 샘물을 찾아냈다. 그분은 매일 열여섯 잔의 차를 마셨다. 거의 원액에 가까울 만큼 진했다. 술에서 벗어나 차에 중독된 것이다. 그런데 다행히 그 독한 차가 목사님 두뇌에 좋은 영향을 끼쳤다. 목사님의 설교가 한층 깊어지고, 사람의 마음을 흔드는 웅변적인 떨림이 더해졌으니 말이다. 지금까지 그분은 왕성하게 목회활동을 하고 있다.

프랑스 사람들은 차보다 커피를 즐긴다. 소화가 되는 동안 잠시나마 사람은 무기력해지는데 최고의 명약이 커피라고 굳게 믿고 있다. 발자크는 글을 쓸 때마다 어마어마한 양의 커피를 마셨다. 이 때문에 신경통이 심해져 결국에는 세상을 떠나고 말았지만. 지적 노동자들이 차와 커피에 의존한 이유는 명백한 결과물이 차와 커피를 통해 만들어졌기 때문이다. 차와 커피를 마시지 않았을 때보다 차와 커피를 마셨을 때 그들의 지성은 한층 더 예리해졌다.

차와 커피는 지성의 출현에 큰 도움을 준다. 그 증거로 각국은 중요한 정치적 대화를 원만하게 진행시키기 위해 차와 커피를 서로 대접한다. 술을 마시고 담배연기를 서로에게 뿜어대며 공식석상에서 회의를 진행하는 나라는 없다. 포크그레이브(1826~1888, 영국의 여행가)가 쓴 《아라비아 여행기》를 보면 사막의 유목민족이 전쟁을 피하기 위해 적대적인 이웃에게 최고급 커피를 선물하는 얘기가 나온다. 그윽한 커피 향이 잔혹한 피비린내를 무마시켜주는 것이다.

여러 가지 자극물을 지적인 용도로 지혜롭게 활용하는 것은 현명한 생활태도이다. 인간은 매우 영리하지만, 나태하고 어리석은 면도 지니고 있다. 우리의 목적은 영리한 측면을 어리석고 나태한 측면보다 더 자주 일상에서 드러내는 것이다. 연설가는 연설할 때, 시인은 시를 쓸 때 그 영리함이 필요하다. 물론 연설이 끝나고, 시를 완성한 후에는 더 이상 영리해지지 않아도 좋다. 자극물은 오르간의 파이프를 울리는 공기와 같다. 필요할 때 우리 안의 영리한 지성을 잠시 밖으로 꺼내준 뒤 다시 사라지면 되는 것이다.

우리 삶 도처에 자극물이 널려 있다. 우리를 자극하는 것들이 산더미처럼 쌓여 있다. 사정이 이렇다 보니 그것들을 과다복용하고 싶은 유혹도 강렬하다. 신이 즐겨 마시는 감미로운 술이라고 해도 해안가에 밀려드는 파도소리, 아침의 맑고 차가운 공기에는 당해내지 못한다. 주어진 자극은 나를 데리고 떠나버린다. 내가 스스로 찾아낸 자극은 떠나버린 나를 다시 데리고 와준다.

운동 시간이 아깝다는 중대한 착각

    우리는 하루종일 책을 읽고, 또 새벽까지 글을 쓴다. 그러는 몇 주일 동안 운동은 하지 않는다. 집 밖으로 한 발자국도 나가지 않을 때도 많다. 그 때문에 지적 노동자들 대부분이 건강과는 거리가 먼 상태로 살아간다. 의사는 피곤에 지친 눈동자를 면밀하게 살펴본다. 그리고 머리가 쓰러지기 직전이라고 경고해준다. 그러나 우리는 의사의 경고 따위에 귀를 기울이지 않는다. 왜냐하면 우리가 대자연의 법칙을 거역하고 있다는 걸 알고 있기 때문이다. 자연은 이미 우리에게 꾸준히 경고를 보내왔다. 자연은 분명한 목소리로 우리의 잘못된 생활태도를 개선하라고 꾸짖는다. 밥을 먹어도 소화가 잘 안 된다. 잠들고 싶어도 극도로 흥분한 신경조직은 쉽게 잠들지 못한다. 불면증이다. 어쩔 수 없이 아침부터 술을 찾고, 잠깐 쉴 틈이 생기면 밖에 나가 신선한 공기라도 마셔야 되는데 그 시간에 오히려 줄담배를 피워버린다. 지적 노동자는 성격이 매우 예민하다. 우리에게 건강은 없다.

인간에게는 두 종류의 생활이 있다. 동물적 생활과 지적 생활이다. 둘 중 하나를 선택해야 한다. 이건 어려운 일이 아니다. 하지만 동물적 생활과 지적 생활을 적당히 융합해 더욱 건강하게 생활하라고 한다면 이것은 매우 어려운 문제가 된다. 우리는 늑대도 아니고 여우도 아니다. 사람이다. 그런데 늑대와 여우처럼 환경에 적응해나가라고 하는 건 우리를 지금 이 자리로 끌어올려준 지적인 강박증에서 벗어나라는 이야기이다. 똑똑해지는 동시에 보다 강해지라는 요구는 받아들이기 쉬운 조건이 아니다.

우리에겐 정신적인 삶이 있다. 그리고 동물적인 삶도 있다. 대부분의 경우 정신적인 삶이 동물적인 삶을 억압해왔다. 내 친구 중에는 믿어지지 않을 만큼 운동을 좋아하는 두 명이 있다. 모두 올해 쉰다섯인데 그들이 하는 말을 그대로 옮겨보자면 적지 않은 나이까지 계속 운동을 즐길 수 있었던 원동력은 의식적인 노력 덕택이라고 했다. 만약에 매일 몸을 움직이지 않았더라면 손발이 굳어져 현재와 같은 운동능력을 유지하지 못했을 것이라는 얘기이다.

그중 한 친구는 굉장한 부자로 집이 네 채나 된다. 그를 볼 때마다 경탄을 금하지 못하는 이유는 그가 자신이 소유하고 있는 다른 집으로 이동할 때 절대로 마차를 타지 않기 때문이다. 반드시 걸어서 간다. 또 다른 친구는 사업체를 운영하고 있다. 앞장서서 사원들을 독려하고 매사 직접 관리한다. 이 두 친구는 습관적인 운동에 절대적인 신념을 가지고 있다. 습관이 깨어지면 두 번 다시 예전으로 돌아가지 못한다는 강박관념 같은 것도 있다.

우리도 운동에 관해서는 그들과 같은 신념을 가져야 될 필요가 있다. 운동은 어떤 활동과도 맞바꿀 수 없다는 굳은 신념이 필요하다. 날씨에 상관없이 하루 한 번은 밖으로 뛰어나가 맑은 공기를 쐬고, 사람들 곁을 스쳐지나가야겠다는 의지가 필요하다는 이야기이다. 육체를 단련해야 된다는 의식이 중요한 지적 업무를 잠시 내버려둘 수 있을 정도로 강해져야 한다. 이런 신념 없이는 지적 생활이 요구하는 건강한 육체는 만들어지지 않는다. 안타깝게도 마음속에 이와 같은 신념을 갖고 있는 지적 노동자

는 거의 없다. 그들은 운동에 소모된 시간을 아까워한다. 한 시간의 운동으로 두 시간 넘게 건강한 지적 활동이 가능하다는 과학상의 입증결과를 믿으려하지 않는다. 한 시간의 운동으로 빼앗긴 한 시간의 지적 활동을 보상받기 위해 일주일에서 열흘 간 운동과 담을 쌓아버리기 일쑤다.

두뇌는 우울할 때보다 정상적일 때, 병에 걸렸을 때보다 건강할 때 명석하게 활동한다. 건강은 운동하지 않고서도 한동안은 유지된다. 그렇기 때문에 한 달 동안 필사적으로 일해야 하는 상황에서도 운동에 시간을 할애하는 것은 그만큼 손해를 본 것 같은 생각이 드는데, 우리의 삶은 기나긴 시간의 연속이다. 당장은 손해인 듯 보이는 운동이 한평생을 두고봤을 때 크나큰 이익이 되는 것이다. 지적 생활은 건강이 오랫동안 유지되어야만 가능하다. 건강도 실력이다. 건강이 뒷받침되지 않는 지적 노동은 죽음과 직결된다. 신체를 건강하게 유지하고자 운동이라는 희생을 지불하는 것은 최상의 투자인 것이다.

시간절약을 위해 운동은 집중해서 짧게 하는 것이 좋다는 프랭클린의 학설은 오해에서 시작되었다. 몇 분간의 맹렬한 운동과 몇 시간 동안 이어지는 온건한 운동은 같을 수가 없다. 될 수 있는 한 단

시간에 이익이 되는 것을 긁어모으고 싶어 하는 것은 인간다운 발상으로 누구든지 원하는 바이기는 하지만, 거대한 자연법칙은 그렇게 하기를 원하지 않는다. 지능훈련에서 시간은 빼놓을 수 없는 요소임을 우리는 알고 있다. 지능을 흡수하고 성장시키려면 방대한 시간이 필요하다. 공부로 밤낮을 지새우지 않으면 안 된다.

마찬가지로 건강을 확보하려면 몇 년 동안 1천 시간은 넘게 운동해야 한다. 신선한 공기가 혈액을 되살리는 데는 시간이 걸린다. 신선한 공기는 돈으로도 살 수 없다. 동전처럼 긁어모으지도 못한다. 충분한 에너지를 얻으려면 대량의 신선한 공기가 필요하고, 그러기 위해서는 빈번하게 밖으로 나가 신선한 공기를 호흡하는 방법밖에는 없다.

대도시 사람들은 시골 사람들이 즐기는 각종 수렵이나 육체노동 대신 스포츠를 즐긴다. 그러나 도시의 어떤 체육관도 산기슭에서 불어오는 상쾌한 바람을 우리에게 선물해주지 못한다. 우리는 몸을 움직여야 한다. 노동 외의 시간에도 몸을 강제로 움직여야 한다. 뿐만 아니라 대기에 신체를 노출시켜야 한다. 매일 신체를 외부환경에 노출시킴으로써 우리 몸은 건강해진다.

우리 집에 늘 편지를 가져다주는 우체부가 있

다. 그는 1년에 8000마일을 걷는다고 한다. 그래서 일까. 그는 항상 건강해 보인다. 공장에서 일하는 사람들도 우체부와 마찬가지로 신체를 움직인다. 모르긴 해도 보다 강도 높은 육체적 단련에 익숙해진 상태일 것이다. 하지만 공장 노동자는 우체부만큼 건강하지는 않다. 왜 그럴까? 그들은 텁텁한 먼지로 가득한 공장 안에 갇혀 있기 때문이다.

우체부는 종달새와 같은 쾌활한 목소리로 인사를 건넨다. 매일 아침 집집을 방문하며 문을 두드린다. 내가 아는 노신사는 그 우체부의 건강한 생활을 동경한 나머지 그를 흉내내고 있다. 건강과 체력유지를 목표로 우체부보다는 조금 걸음이 느리지만, 규칙적으로 산책을 하고, 친구를 방문한다. 하루도 빼놓지 않고 집 밖으로 외출한다. 날씨는 노신사의 외출을 방해하지 못한다. 비가 오든, 눈이 오든, 날씨가 춥든 덥든 상관없이 반드시 매일 한 번은 문 밖으로 몸을 내밀었다. 그 때문인지 노신사는 산책을 시작한 이래 병원에 가본 적이 없다고 한다.

워즈워스의 생활습관은 지적 생활을 꿈꾸는 우리들에게 좋은 참고가 된다. 그중에서도 워즈워스가 사랑한 도보여행은 문필에 관련된 직업인이라면 반드시 배워야 될 본보기이다. 어느 곳에 머물든 워즈워스는 걷기를 멈추지 않았다. 여행지에서도, 혹은 강연을 위해 찾은 낯선 도시에서도 워즈워스는 따로 시간을 마련해 주변을 둘러보며 색다른 풍경에 자신의 그림자를 드리웠다. 구경하고, 듣고, 만나며 또 다른 지적 충동을 만족시켰다. 집에 머물 때도 그의 발걸음은 멈추지 않았다. 꽤 먼 곳까지 걸어가느라 하루를 다 소비하는 날도 종종 있었다. 이렇게 해서 워즈워스는 가장 좋은 소재를 찾았고, 그 소재들은 그의 내면에서 시로 태어났다.

스콧도 걸어서 여행 다니는 것을 좋아했다. 당연히 말을 타고도 여행했다. 그의 고백에 따르면 풍요롭고 아름다운 풍경과의 조우는 훗날 문학적 소재가 되어주었다고 한다. 경치를 구경하느라 30마일 넘게 걷기도 했다고 한다. 괴테도 육체의 사용에 있어서는 빼놓을 수 없는 본보기이다. 그는 모든 육체적 활동을 사랑했다. 달빛이 아름다운 밤에는 잠들지 못했다. 강가로 나가 홀로 수영을 즐겼다. 겨울에는 얼어붙은 호수에서 스케이트를 탔고, 봄에는 경주마를 타고 들판을 질주했다. 그의 왕성한 지적 흥분은 육체에서 얻어진 바가 크다. 그는 한낮의 다양한 경험을 바탕으로 홀로 남겨진 저녁시간에 다양한 분야의 글을 써내려갔다.

알렉산더 훔볼트(1769~1859, 독일의 자연지리학자. 중남미 연구자로 유명)는 젊은 시절 그리 튼튼한 몸이 아니었다. 훔볼트는 연구자로서 명성을 높이기 위해서는 강도 높은 조사활동이 필수인데, 현재와 같은 몸으로는 도저히 그런 업무를 견뎌낼 수 없을 것 같아 걱정이 컸다. 지적 노동자로서 야망이 컸던 훔볼트는 허약한 육체에 발목 잡히는 일이 없도록 인내심을 갖고 강도 높은 육체 개조를 시작했다. 운동을 통해 몸이 피로에 익숙해지도록 연습한 것이다. 장차 그의 앞날에 펼쳐질 위대한 탐험은 바로 이 마음가짐에서 출발했다. 훔볼트의 경우 운동이라는 강제적 습관이 새로운 문명을 이해하고 연구하는 특수한 지적 목표를 촉진시키는 훌륭한 자극제로 활용되었다. 조금 더 시대를 올라가보겠다.

르네상스라는 위대한 시대를 빛낸 가장 위대한 지성인은 레오나르도 다 빈치이다. 경탄할 만한 지성의 창고였던 다 빈치는 평생토록 승마를 즐겼다. 그의 전기를 쓴 바사리의 메모를 보면 다 빈치는 말에서 떨어질 정도로 격렬하게 움직였던 것 같다. 지나치게 빨리 말을 몰아 벽에 부딪힌 적도 있었다고 한다. 그와 같은 예술가에겐 목숨보다 소중한 손이 다칠 수도 있는 일이지만, 다 빈치는 이런 위험을 아랑곳하지 않았다. 격렬한 육체활동의 결과물인 자연스런 흥분과 열망이 그의 내면에 잠재된 예술가로서의 창의력을 분출시키는 도구가 되어주었기 때문이다. 다 빈치가 말을 얼마나 사랑했는가 하면 경제적으로 힘든 상황이 닥쳐도 말과 말을 관리하는 마부는 끝내 해고하지 않았다고 한다. 대신 물감과 식비를 줄였다.

육체적 생활과 지적 생활은 별개의 얼굴이 아니다. 뛰어난 문학가들, 특히 오랜 세월 위대한 작가로 불려온 대가들에게는 풍부한 운동경험이 있다. 그들에게 육체는 가장 훌륭한 소재였다. 그들이 몸을 움직일 때마다 소재는 다양해졌고, 인물은 풍부해졌으며, 문체는 살아 있는 생명을 누렸다. 그뿐만이 아니다. 위대한 과학자는 하나같이 운동을 공부했다. 자신의 신체특성에 어울리는 육체적 활동을 고안해냈다. 그 발견은 곧 위대한 발명과 학설로 이어졌다. 감각적이고 사색적인 화가들은 어떠한가. 그들은 낯선 타지로 망설임 없이 걸어갔다. 그 와중에 만난 사람들, 풍경들, 경험들이 캔버스에서 위대한 예술로 재탄생하는 것을 우리는 수없이 목격했다.

철학이라고 다를 리 없다. 철학의 발상은 어디에서 시작될까? 대학도서관? 강단? 아니다. 순수한 육체적 용기와 인내에서 시작된다. 철학은 육체에 의존한다. 인류 역사상 가장 강인한 육체를 자랑한 철학자는 소크라테스였다.

탁월한 지적 생활자에게 훈련이란

아서 헬프스(1813~1875, 영국의 작가, 추밀원 의장)는 《정체(政體)에 관한 관찰》이라는 저서에서 "가장 뛰어나고 위대한 일을 성취한 사람들 대다수는 어린 시절 다루기 힘들고 가르치기 벅찬 악동이었다."라고 말했다. 뒤이어 "이 대담한 학설은 과학과 문학과 미술 분야의 위대한 인물들뿐 아니라 위대한 관리와 외교관, 또 세상 여러 곳에서 위대한 업적을 남긴 사람들에게도 해당되는 말이다."라고 사족을 붙였다.

남들 눈에 띌 때라곤 좀처럼 말을 듣지 않고 말썽을 피우거나 공부를 못해 꾸지람 들을 때가 고작이었던 소년들은 이 문장을 보고 큰 위로를 얻었을 것이다. 사고뭉치로 불리며 자랑할 만한 게 없던 어린 소년들은 이 글을 읽고 자기 안에 숨어 있는 재능을 엿보았던 것이다.

헬프스처럼 교양 있고 유명한 저술가로부터 "어른들 말씀을 네가 잘 듣지 않는 이유는 너의 내면에 장차 크게 될 소질이 있기 때문이야."라는 말을 듣게 된다면 당연히 기분 좋아질 것이다. 나도 이에 동참해 오늘날 유명한 작가들의 어린 시절을 나열하고 싶다는 충동을 느낀다. 그들 대부분은 열등생이었기 때문이다. 어렸을 때는 그 독특한 사고방식과 상식에서 벗어난 행동기준 탓에 '커서 뭐가 되려고 벌써부터 문제를 일으키느냐'고 책망받던 소년들이 커서는 우리의 갇혀진 시야를 넓혀주는 훌륭한 작가로 성장한 것을 보면 참으로 큰 위안이 된다.

그런데 한 가지 주의할 점이 있다. 훌륭한 인물의 어린 시절처럼 '나도 말썽 좀 부린다' 싶은 생각을 하게 되는 젊은이들은 지금부터 내가 하는 말을 귀담아 들어야 될 것이다. 세상에는 대학교에서 충분한 지적 훈련을 받고 사회에 나와 경쟁을 통해 나름의 성과와 업적을 달성한 사람들도 굉장히 많다는 점이다. 유명인들 중 전자보다 후자의 예가 더 많다는 것을 우리는 기억해야 한다.

핵심은 자기계발이다. 어린 시절 반항아였든 모범생이었든 훗날의 결과는 자발적인 훈련이 어느 정도였느냐에 따라 결정된다. 학교 교육은 부차적 수단에 불과하다. 교사가 가르치는 내용을 따라가지 못하더라도 나중에 훌륭한 인물로 성장할 수 있다. 자기 나름의 성숙과정과 발전과정을 거쳤기 때문이다. 반대로 교사가 가르치는 내용을 그대로 흡수해 학교 내에서 수재로 불린 사람들도 훗날 기대만큼 훌륭한 인물로 성장할 수 있다. 이때도 중요한 건 나름의 성숙과정이다. 그들은 절대로 교사가 가르치는 것만 익히지 않았다. 학교에서 배운 내용 외에 자신이 추구하는 또 다른 배움의 목표를 설정하고 덧입혔다는 점을 잊어서는 안 된다. 그 사람이 장차 어떤 인간이 되느냐는 그의 정신력에 달려 있다. 지적 생활을 꾸준히 추구하려는 정신력이 뒷받침되지 않는다면 아무리 똑똑한 반항아일지라도 자기 세계를 구축하지 못한다. 같은 이유에서 전 세계에서 시험성적이 제일 좋은 사람이더라도 부여되는 지적 활동에 끌려가는 자는 결국 스스로를 잃고 만다.

탁월한 지적 생활자들은 자신만의 지적 활동을 구축해왔다. 프랭클린은 공교육이라는 지적 훈련을 받아본 적이 없지만, 자발적인 지적 활동으로 이를

충분히 만회시켰다. 아무런 지적 훈련 없이 두각을 나타낸 지식인을 나는 지금껏 들어보지 못했다.

지적 생활도 쾌락을 추구한다. 이 쾌락은 육체의 쾌락과는 달라서 매우 독특한 기쁨이다. 지적인 쾌락은 훈련에서 얻어지는 기쁨이다. 인내를 기르고 정신을 단련시킨다. 육체적 훈련이 고통을 감수하는 것이라면 지적인 훈련에서는 고통이 곧 기쁨이다.

요즘에도 확실히 전도유망한 젊은 작가들이 있다. 그들은 진지하고 생기가 넘친다. 동시에 훈련이 부족하다는 느낌도 지울 수 없다.

과거에는 훈련이 부족해 보이기는 해도 강력한 힘을 지닌 젊은 문학이 자주 등장했다. 그런데 지적 훈련을 충분히 받을 수 있는 현대에 들어서 오히려 지적인 힘이 결여된 젊은 작가들이 늘어나고 있다. 지적인 힘은 훈련을 통해 얼마든지 극복할 수 있는 약점이다. 가장 손쉽게 극복 가능한 결점이다. 그럼에도 불구하고 많은 작가들이 그 같은 결점에 허덕이고 있는 것을 보면 안타깝기 그지없다. 의지만으로 천재와 어깨를 나란히 하지는 못한다. 의지에 덧붙여 재능이 발휘되는 토대를 만들어야 된다. 열심히 일하는 것만으로는 부족하다. 열심히 배우고 익히는 건 필수이다. 고도의 교양을 갖춘 대가들이나 지성인들도 처음에는 애송이에 불과했다. 물론 그들에겐 타고난 재능이 있었다. 그러나 재능이 모든 것을 다 해주지는 못한다. 의지와 노력이라는 뒷받침 없이 그들이 오늘날과 같은 성공을 거두지는 못했을 것이다.

훈련을 시작하는 근본적인 동기는 소망이다. 타고난 능력뿐 아니라 내 것으로 만들고 싶은 지식욕, 이를 밑천 삼아 마음껏 지적 활동에 나서보고 싶다는 강력한 소망이 젊은이를 지적 훈련으로 인도한다. 훈련을 쌓을수록 늘어나는 지식의 총량에 즐거워하고, 그 즐거움이 비로소 자신감이 되어 나를 세상으로 인도한다.

자연으로부터 물려받은 우리의 능력은 오직 하나, 무엇인가가 되고자 하는 소망이다. 소망은 우리에게 아무것도 해주지 않는다. 소망 그 자체만으로 무엇인가가 될 수 있는 건 아니다. 소망은 우리를 무엇인가로 만들어주는 시작에 불과하다. 실제로 무엇인가가 되려면 훈련에 몸을 맡겨야 된다. 어떤 종류의 훈련을 감내함으로써 우리는 마침내 무엇인가가 된다. 그리고 훈련과정에서 우리는 반드시 자기자신을 발견해내야만 한다.

작가라는 직업만큼 자기훈련에 나약해지는 부류는 없을 것이다. 문학은 매우 보편적이어서 장벽도 없고, 자격증도 필요 없다. 음악과 미술처럼 소질에 덧붙여 이를 개발하고 만개시키는 일련의 교육과정이 수반되지 않는다. 문학은 누구든지 할 수 있는 예술장르이다. 수십 년 책을 읽고 문학 언저리에서 재능을 갈고 닦은 사람이 글을 써서 책을 내고 작가가 되듯, 수십 년간 시장에서 좌판을 깔고 채소를 팔던 장사꾼이 오늘 당장 글을 써서 책을 내면 작가가 된다.

물론 글을 쓴다는 것과 문학이라는 예술장르 사이에는 차이가 있다. 이 차이를 기술상의 차별이라고 부르겠다. 누구든지 마음만 먹으면 글을 쓸 수 있지만, 그것이 문학적으로 가치를 얻기 위해서는 기술적인 완성도가 필요하다. 이 완성도는 오직 훈련을 통해 이룩되는 성과이다. 아쉽게도 그 차이를 명확히 이해하고 있는 사람은 소수이다. 자신에게 재능이 결여되어 있음을 꿰뚫어보는 사람도 거의 없다.

미술을 예로 들어보겠다. 미술작품은 한눈에 그것이 좋은 작품인지, 나쁜 작품인지가 판별된다. 기술적으로 완성도가 높은 그림인지 아닌지가 그림을 마주하는 순간 뇌리에서 판가름 난다. 음악은 또 어떤가. 감미로운 음악과 악상이 뒤죽박죽 나열된 시끄럽기만 한 음악은 금세 구별된다. 음악에 관한 전문적인 지식이 부족한 일반 대중이더라도 좋은 음악, 완성도가 빼어난 음악과 그렇지 못한 음악을 듣는 것만으로 판단해낸다.

하지만 문학은, 글이라는 장르는 쉽지가 않다. 당신 앞에 양서(良書)와 악서(惡書), 두 권이 놓여 있다. 겉표지를 봐도 무엇이 양서이며 무엇이 악서인지 모른다. 두꺼운 책이 좋은 책일까? 그럴 리 없다. 우선 읽어봐야 알 수 있다. 책 한 권을 읽는 데 소모되는 시간은 그림 한 편 감상하고, 교향곡 1악장을 듣는 것과는 비교가 안 될 만큼 긴 시간을 요구한다. 뿐만 아니라 책은 작가의 긴 이야기들이 가득하기에 무조건 읽고 따라갔다가는 거짓된 이론, 그릇된 사상에 깜빡 속아넘어가 제대로 판단할 수 없는 경우도 허다한다. 즉 나의 지적인 잣대를 활용하여 나에게 도움이 되는 책과 읽어봐야 소용 없는 책을 가려낼 줄 알아야 되는 것이다. 지적인 훈련이 충분치 못한 사람은 책을 읽어도 그 안에서 양질의 지적 자극을 건져올리지 못한다. 그리고 쓰레기 잔해와 같은 엉터리 학설들을 가려내지도 못한다. 그런 사람이 글을 쓴다고 가정해보자. 과연 그의 글이 양서로 불릴 수 있을까?

국제박람회나 도서전 등에 책이 전시되고 있다. 전시장을 가득 메운 책들이 좋은 책이냐고 묻는다면 그건 단지 정부정책에 지나지 않는다고 대답하겠다. 문학적 기량이라는 다수의 평가에 의존한다면 전시장의 책들은 일정한 기준을 통과한 좋은 상품임에 틀림없다. 그러나 문학에 있어서만큼은 좋은 상품이 좋은 책이 된다는 보장은 없다. 도서전에 출품된 책들은 기술적으로 완숙하다. 그리고 우리는 미숙하지만 열정적이고 개성이 넘치는 책들로부터 감동을 받는다. 때론 후자가 우리 삶에 지적인 자극을 충만케 한다.

아서 헬프스는 논란을 일으키는 작가 중 한 명이다. 그의 주장은 어떤 이들에겐 천박한 소음처럼 들린다. 동시에 아서 헬프스는 영국 문단에 훌륭한 본보기이기도 하다. 그가 써내려간 글들이 우리에게 결여된 어떤 재능을 일깨워주기 때문이다. 헬프스는 가장 적절한 말로 자신의 생각을 표현한다. 그의 글에는 한마디로 부적절한 말꼬리가 없다. 간결한 표현, 기억에 남을 만한 개성적인 비유, 더 이상 합당한 단어가 생각나지 않는 정확한 언어구사 능력, 이 모든 것들은 그가 앞세우는 사상의 가치를 떠나 젊은 시절 어떤 지적 훈련을 경험했는지 짐작케 해주는 대목이다. 영국 작가들 중 지적 훈련의 성과가 무엇인지를 제대로 보여주는 유일한 인물이라고 하겠다.

영국에 아서 헬프스가 있다면 프랑스에는 생트
뵈브(1804~1869, 프랑스의 비평가)가 있다. 그의
사전에는 '대충'이라는 단어가 없는 듯한다. 이 점
에서 프랑스 지성인들은 그를 본받아야 될 것이다.
장르를 막론하고 그가 펴낸 책에는 용의주도한 작
가적 면모가 가득한다. 특히 인물에 대한 평전을 구
상할 때는 대상 인물의 바닥 끝까지 파고드는 집요
함에 혀를 내두르게 된다. 자신이 할 수 있는 모든
조사를 완벽하게 끝마쳤다는 확신이 서지 않는 한,
뵈브는 함부로 펜을 들지 않았다. 자료를 수집하고,
그것들을 배열하고 분류해서 숨겨진 상호관계를 발
견하는 데 뵈브는 일가견이 있었다. 이것이 자연의
선물처럼 공짜로 주어졌으리라 생각하지는 않을 것
이다. 그는 불충분한 정보와 부정확한 언어를 혐오
했다. 신문에 사설 한 편을 기고할 때도 온 정성을
다해 거짓과 진실을 구별하고, 오직 그 짧은 사설
한 편에 온 신경을 집중했다고 한다. 아마도 프랑스
에 뵈브 같은 성실한 작가는 다시 나타나지 않을 것
이다.

뵈브는 잡지에 기고할 평론 한 편 쓰는 데 보통
일주일이 걸렸다. 사실 낭비에 가까운 기간이다. 준
비한 착상을 글로 옮기는 데 걸리는 시간은 불과 두
세 시간 남짓이었을 것이다. 두 시간의 글쓰기를 위

해 뵈브는 일주일이라는 시간을 바쳤다. 그의 작업 방식은 연주가가 매일 악기를 다듬으며 손의 감각을 유지하려고 연습에 연습을 거듭하는 행위와 비슷했다. 그는 한 편의 글을 쓰기 전에 조사와 숙고로 머리를 단련시켰던 셈이다. 이 모든 게 지적 훈련의 일종임은 말할 것도 없다.

비유하자면 지적 훈련은 군대의 지휘계통 같은 것이다. 군대가 약속된 군사작전으로 전쟁을 수행하려면 지휘계통의 명령 및 유사시 작전반경이 평화로운 시기에 정립되어 있어야만 한다. 또 평소 충분한 예행연습으로 이를 숙달하는 게 중요하다. 화력과 군대의 수가 많아도 작전이 없고 지휘체계가 엉망이면 오합지졸이다. 전쟁에서 승리하지 못한다. 비슷한 예로 요리를 생각해볼 수 있다. 산해진미의 재료가 갖춰졌더라도 적당한 양을 순서에 맞게 사용하지 못한다면 죽보다도 못한 음식이 나온다.

지적 활동, 특히 글을 쓴다는 건 준비된 자료와 나의 생각을 하나로 융합해 새로운 무엇인가를 창출해내는 과정이다. 작품에 통일성이 이어져야 하며, 현실과 이상은 적절한 균형을 이뤄야 한다. 그런데 지적 훈련이 부족한 작가는 지식은 부족하고 사상은 지리멸렬하다. 독자는 그가 쓴 글을 읽고 혼란을 느끼게 된다. 혹은 넘쳐나는 지식을 주체하지 못하고 엉뚱한 곳에 힘을 쏟아버린다. 마치 전쟁터에서 1개 연대면 충분한 전투에 사단 병력 전체를 투입하는 것과 같은 이치이다. 군대를 배치해야 될 곳에 적절히 배치하지 못해 전선(戰線)이 무너진다. 지식과 사상의 적절한 분배가 이루어지지 못한 책은 초반에 온 힘을 쏟고 뒤에 가서는 쓸 게 없어 무너지고 만다. 이 또한 지적 훈련을 우습게 여긴 결과이다.

지적 훈련은 중심잡기라고 생각하면 된다. 바람이 불고 땅이 흔들리고 사람들의 온갖 비난이 밀려와도 우리는 중심을 잃어서는 안 된다. 나만의 중심을 제대로 확보해야 한다. 그러기 위해서는 오직 훈련이 답이다. 훈련 외에는 달리 방도가 없다.

존경받는 위대한 작가들이 자기 의지로 창조력을 이끌어냈다. 훈련이 수반되지 않았다면 불가능한 경지이다. 샤를 보들레르(1821~1867, 프랑스의 비평가이자 시인)는 반도덕적 시풍으로 악명을 떨쳤지만 다음과 같은 말에서 그가 얼마나 지적 훈련에 온 정열을 기울인 시인인지 알 수 있다.

"영감과 평소의 노력은 형제다. 자연을 구성하는 수많은 대립적 존재들이 그러하듯이 영감과 인위적인 노력 사이에는 배척도, 배반도 찾아볼 길이 없다. 공복과 소화와 수면이 그랬던 것처럼 영감은 평소 생각했던 데서 찾아온다. 나는 그것이 부끄럽지 않다. 오히려 최대한 이용해야겠다는 생각을 한다. 내일 해야 될 일을 고민하는 것은 훈련이다. 내일의 나를 기대하는 것은 노력이다. 그것이 영감의 원천이다."

당장은 지적 훈련이 귀찮게 느껴질지도 모르겠다. 만약에 지적 훈련이 귀찮게 느껴진다면 지금이야말로 지적 훈련이 절실하게 필요한 때임을 상기해야 된다.

"머리를 너무 내버려뒀다는 자괴감에 무슨 일이든 해야겠다는 생각이 들었다. 규칙적인 생활을 하고 매일 책을 읽고, 글을 썼으며 단어를 공부했다. 그러나 30회 중 20회는 지금 하고 있는 일과 전혀 상관없는 일이거나, 불필요한 책을 읽고 있거나, 쓸데없는 글을 쓰는 등 몽상에 불과했다." 조르주 상드의 고백이다. 이어서 그녀는 이렇게 덧붙인다. "나는 종종 지적 방랑에 빠져들곤 했다. 이런 방랑이 없었더라면 내가 익히고 싶었던 모든 지식과 문학적 능력들이 지금쯤 내 안에 가득 채워졌으리라."

훈련은 자신감의 원천이다. 하기 싫은 일에 인내를 더하고, 덜컥 겁부터 나는 과제에 맞설 용기를 주며, 처참한 절망에서 의욕을 불태우며 스스로 일어서게 해준다. 훈련은 승리의 원천이다. 귀찮을 것이다. 실증도 난다. 무의미한 시간낭비는 아닌지 혐오감도 생긴다. 그렇다 보니 훈련성과가 나타나지 않을 때도 많다.

　나는 가끔 변호사에게 감탄한다. 그들은 극도로 무미건조한 서류에 집중한다. 필요할 때 정신을 가다듬는 방법을 알고 있다. 사실 자신의 삶과 전혀 무관한 서류를 끈질기게 읽으며 나중에는 그 사건에 완전히 정통하게 된다. 사건 당사자보다 더 명확하게 상황의 전말을 파악하는 것이다. 천부적인 재능 덕분이 아니다. 변호사가 되기까지 그가 감수해온 지적 훈련의 성과이다. 변호사는 지적 혐오감과 끝없이 투쟁한다. 내 인생에 아무런 의미 없는 타인의 개인적인 사건들과 강제로 마주쳐야 된다. 그들은 훈련을 통해 인내를 길러 이 무자비한 현장을 버텨낸다. 의사 또한 다르지 않다. 그들은 피와 살이라는 본능적인 혐오감을 이겨내야 한다. 그들이 타인의 병을 극복하는 원동력은 의사의 사명감이라든가, 자비심 같은 게 아니다. 의사가 되기까지 경험해온 지적 훈련 덕분이다.

　지적 훈련이 중요하기는 해도 한 가지 유념해야 될 사항이 있다. 우리들 인간의 정신은 즐겨 수용하는 부분이 있고, 반대로 인내 없이는 수용하지 못하는 부분이 있다는 점이다. 무슨 말인가 하면 좋고 싫음이 분명하다는 것이다. 이를 무시해서는 안 된다. 좋고 싫다는 감정은 타고난 것이기 때문이다.

지적 능력이 부족함에도 과학이라는 분야에 마음을 빼앗겨 '좋다'는 감정을 느낀 젊은이가 있다. 그는 '좋다'는 자기감정에 충실해져 연구에 몰두한다. 그리고 먼 훗날 나름대로 그 분야에서 성과를 거둔다. 반대의 사례도 존재한다. 예술적 기질을 타고난 젊은이가 음악을 연주하는 데 필요한 악기를 다루는 게 지겹고 귀찮아 세월을 낭비한다. 먼 훗날 그는 그저 그런 연주자가 되고 만다.

좋고 싫음은 능력이 아니다. 다만 좋다고 느끼는 감정과 능력 사이에 우호적인 관계가 있음은 분명하다. 특히나 좋고 싫은 감정이 외부환경으로부터 영향을 받아 생긴 것이 아니라면, 즉 내면에서 자연스레 발현된 기분이라면 신뢰할 만하다. 훈련 때문에 그 사람의 감정이 완전히 무시되는 것도 폐해이다. 심한 경우 특이한 재능이 훈련에 깔려 사라져버리기도 한다. 이와 같은 위험성은 스스로 자진해서 부과한 엄청난 양의 훈련보다는 사회통념에 의해 강압적으로 부과된 훈련일 때 더욱 커진다.

지적 생활은 훈련을 필요로 한다고 여러 차례 말

해왔다. 이 훈련은 필수불가결한 동시에 내적인 감정을 충분히 존중하는 범위 내에서 이루어져야 한다. 지적 훈련의 기준은 내적인 법칙성을 갖고 있다. 사람들이 뭐라고 말하든 이 훈련의 주체는 자기 자신이다. 내게 필요하다고 생각되는 훈련을 쌓는 주체성이 요구된다. 따라서 타인의 의견과 맞지 않을 수도 있다. 그렇더라도 잘못된 게 아니다. 당연한 일이다.

내적인 욕망을 따라가는 데 우리는 필연적으로 거부감을 느낀다. 정신의 거부반응이다. 특별히 선천적으로 정신이 무능력해서 그런 건 아니다. 다만 몸에 밴 일상이라는 습관, 나날의 고민들에 짓눌려 거부감을 느끼게 되었을 뿐이다. 이런 종류의 거부반응에는 주의해야 한다. 만약 이런 기분에 휩싸였다면 자기반성과 충분한 검토가 필요하다.

미술적 재능을 타고난 사람이 있다. 그런데 일상의 편한 생활에 길들여져 자기 안에 도사리고 있는 재능을 깨닫지 못한다. 혹은 그 재능을 대수롭지 않게 여긴다. 미술이라는 지적 활동에서 점점 더 멀어진다. 그러던 어느 날 "지금 당장 너의 그 평범한 생활에서 벗어나 화가가 되는 건 어떤가?"라는 하늘의 음성이 들렸다고 가정해보자. 과연 그는 이 음성에 네, 라고 답할 수 있을까? 후천적으로 익숙해져버린 일반인의 습성이 이 음성에 긍정적인 답변을 들려주는 게 가능할까? 아마도 그의 삶은 이렇게 대답할 것이다. "안 돼, 그림은 아무나 그리는 게 아냐. 넌 재능이 없어. 설령 있더라도 이제 시작하려면 얼마나 긴 시간 동안 너를 단련하고 다듬어야 되는지 아니? 너 같은 게으름뱅이에겐 무리야. 헛된 꿈은 여기서 접자. 넌 더 이상 젊지 않아."

평범한 일상을 깨우는 음성은 사실 하늘의 음성이 아니다. 우리 안의 감춰진 실체가 참다못해 토해내는 외침이다. 우리는 이 같은 정신의 호소에 귀를 기울여야 한다. 이것은 우리 안의 목소리인 동시에 대자연의 음성이기 때문이다. 자연은 우리가 타고난 본성으로부터 떠나기를 원하지 않는다. 먹고사는 문제는 쉽지 않다. 가볍지도 않다. 작가가 되고 싶고, 화가가 되고 싶고, 음악가가 되고 싶지만 생업이라는 절체절명의 숙명을 위해 어쩔 수 없이 다른 직업을 택하는 사람들이 얼마나 많은가. 그렇게 한 해, 두 해, 십 년이 흘러버리면 우리는 예전의 찬란했던 재능은 사라지고 없다는 자포자기에 다다른다. 재능을 버리고 생업을 택하는 건 나약한 인간의 한계인지도 모른다. 그 한계에 절망한 나머지 우리는 이 지루한 일상의 습관에 익숙해지려고 노력한다.

다시 한 번 강조하지만 지적 생활의 정신적 기반은 훈련이다. 이 훈련은 매우 독특해서 정답은 없다. 참고서도 없다. 각자의 개성을 따라가는 것만이 유일한 길이다. 즉 독창성이다. 자기 개성에 맞는 독창적인 훈련을 찾아내는 게 중요하다. 독창적인 지적 훈련은 상황에 따라, 나의 성장속도에 따라 행동규범에 변화를 준다. 마치 진보적 민주국가에서 법률이 끊임없이 개정되는 것처럼 말이다.

흘러간 세월을 돌이켜봤을 때 가장 씁쓸한 것은 돌아오지 않는 귀중한 시간들이 눈깜짝할 사이에 지나가버렸음에도 지적 훈련이 턱없이 결여되어 있음을 깨닫고 후회하게 될 때이다. 그 때문에 아주 가끔 찾아오는 일생일대의 기회를 어이없이 상실하곤 한다.

"나는 인생이라는 기회를 충분히 활용하여 어떤 일에 대해서도 사전에 충분한 준비를 갖췄다. 그리고 실행에 옮겼다. 실행에 옮기기 전 나는 필요한 훈련을 끝마쳤으며, 결국 내가 원하는 수준에 도달하는 성공을 맛보았다."라고 만년에 고백할 수 있는 삶은 흔치 않다. 그들이야말로 행운을 타고난 사람이다.

지적 훈련의 본보기로 삼을 만한 위인들이 적지 않다. 그들 중 몇 명을 소개해보겠다.

스스로에게 부과한 지적 훈련의 적절한 범위와 완벽한 수행, 나에게 어떤 훈련이 필요한지를 구별하는 통찰력, 나아가 훈련이 부족하다는 겸손함에 덧붙여 지식과 능력이 요구되는 상황을 가정하여 끝없이 대비함에 있어서 알렉산더 훔볼트를 능가하는 인물은 없을 것이다. 이 거인의 이름을 먼저 거론한 탓에 그밖에 훌륭한 인물들을 덮고 가게 되는 것은 아닌지 걱정스러울 정도이다.

세상은 훔볼트의 위대한 지성을 칭송한다. 그러나 훔볼트가 그 빼어난 지성을 갈고 닦기까지 버텨내야 했던 지루한 인고의 시간, 어리석은 인간의 감상에서 강인한 정신력을 키워내기까지 그가 흘렸을 땀방울에 대해서는 외면한다.

훔볼트는 자신의 지식에 만족하는 법이 없었다. 끊임없이 더 많은 지식을 원했다. 더 많은 것을 알고자 했고, 더 많은 것을 원했다. 자신을 깨우쳐주는 사람이라면 그가 어떤 인물이든 존경을 아끼지 않았다. 그가 이미 알고 있는 지식을 자랑스레 알려주는 교만한 자들마저도 훔볼트는 존중하려고 노력했다. 이 같은 겸손함의 원천은 스스로에 대한 자신감이었다. 훔볼트는 자신의 지적 능력을 의심하지 않았다. 그러하기에 겸손할 수 있었고, 위기가 닥쳐도 냉정할 수 있었다. 그는 지적 훈련을 통해 예리한 자기관찰을 놓치지 않았던 것이다.

이를 종합해서 생각해보면 지성의 광채와 이를 뒷받침하는 고귀한 정신력은 무엇이 먼저라고 말하기가 힘들다. 강인한 정신력이 지적 능력을 성장시키고, 성장한 지적 능력은 정신을 단련시킨다. 이 둘은 동시에 진행되며, 동시에 서로를 잉태하는 장엄한 인간의 가능성인 것이다.

2부
지적 생활자의 현실적인 고민들

지적 생활자의 합리적인 시간 사용법

우리는 종종 시간이 부족하다고 한탄한다. 얼마든지 시간이 남아도는데도 말이다. 시간이란 아무리 자기 마음대로 조절할 수 있다고 해도 막상 유용하게 사용하려고 하면 절약해야 하는 것이 사실이다. 그러나 이 절약이라는 관념에 무심한 사람들이 너무나 많다. 설사 인식한다고 해도 이미 늦은 경우가 상당하다. 그래서 시간을 절약하는 방법에 대해 내가 관찰해둔 몇 가지를 밝히려 한다. 내가 직접 경험한 일이기도 하며, 지적으로 뛰어난 길을 걸어온 내 친구로부터 전해들은 지혜도 있다.

교양을 진지하게 구하고, 그것을 인생의 중요한 목표로 삼고 있는 사람이라면 무슨 일을 하든지 쓸데없이 시간을 낭비해버릴 우려는 없다. 원하는 시간에 게으름을 즐길 수 있고, 하고 싶다면 밤중까지 사람들과 어울려 흥청망청 술에 취해 떠드는 것도 가능하다. 즐겁게 노는 동안에도 당신은 시간이라는 녀석이 얼마나 빠르게 우리 곁을 지나가는지 잘 알고 있다. 사실 스스로 시간이 부족하다고 말하는 사람들은 시간을 유용하게 사용하는 부류에 속한다. 또 그들의 성격상 의도적으로 시간을 낭비해버릴 위험은 거의 없다.

의외로 귀중한 시간이 헛되이 사라지는 대부분의 경우는 연구 도중이다. 지적 생활을 실천하고 있는 사람들 가운데 '연구'라는 시간을 합리적으로 사용하는 방법을 알고 있는 사람은 매우 드물다. 어떤 분야에서든 정통하기 위해서는 거의 일생을 소진시켜야 된다. 기나긴 세월이 필요하다는 것을 우리는 잘 알고 있다. 문제는 그 기나긴 세월에 젖어 지금 이 순간을 어이없이 지나친다는 것이다. 수년에서 수십 년에 걸쳐 나는 이 학문을 연구할 것이다, 라는 시간의 무게에 짓눌려 오늘 하루라는 시간을 자신도 모르는 사이에 가벼이 여기는 것이다. 깃털처럼 가볍게 느껴지는 오늘 하루들이 모여 긴 세월을 이룬다는 것을 잊은 채 시간을 낭비하고 세월을 놓쳐버리곤 한다. 가장 주의해야 하는 '이 순간'

이라는 시간 앞에서 무심해져버리는 것이다.

시간을 절약하는 가장 유용한 방법은 뭔가를 배우거나 연구하는 등의 지적 활동에 임할 때 의지를 갖고 집중하는 것이다. 이 시간을 완전히 나의 것으로 만들겠다, 나라는 존재로 가득 채우겠다, 라는 강한 기개를 드러내야 한다. 그런 날들이 차곡차곡 쌓이다보면 어느 순간 도저히 한 발자국도 앞으로 나가지 못할 것 같은 장벽에 부딪히는 경험을 하게 된다. 그곳에서 우리는 진실한 마음으로 자기를 돌아봐야 한다. 과연 나는 지금보다 더 성장할 수 있을까, 라는 의문에 확신이 든다면 좀더 매진한다. 성장할 수 있다는 확신은 들지 않더라도 그 무엇보다 내가 이 분야를 연구하고 공부하는 데 기쁨을 느끼고 있다면, 그래서 도저히 포기할 수 없다는 마음이 생긴다면 마찬가지로 좀더 매진한다.

반대로 이 한계가 넘을 수 없는 장벽처럼 보일 때는 깨끗이 인정하고 돌아선다. 어떤 지식과 기술에 익숙해질수록 시점이라는 것이 보인다. 여기서 말하는 시점이란 습득한 지식과 기술이 일상에서 자연스레 발휘되는 지점이라고 할 수 있다. 여기에 도달하기까지 많은 장벽들이 있다. 시간도 적잖게 필요하다. 흥미를 갖고 배우는 것은 누구나 할 수 있다. 꽤 전문적인 지식과 기술을 습득하는 수준에 도달하기까지 인내만 있다면 누구든지 가능하다. 그러나 습득한 지식과 기술이 나의 일생을 좌우하는 데 이르기 위해서는 시간만으로는 부족한다. 시간과 더불어 재능과 열의가 필요하다. 그간 내가 쌓아올린 시간에 어느 정도로 열정과 재능을 담아냈는가가 중요하다.

열정과 재능을 시간에 담아낸 무게가 우리의 일생이 어떤 모습으로 살아가게 되는지를 결정한다. 흥미를 갖고 공부하는 것은 가능하다. 일정 수준의 지식을 보유하는 것도 가능하다. 그렇다고 이 시간들에 자신의 삶을 담아낸 것은 아니다. 마치 기계공이 엔진을 조립하고도 자동차에 장착하지 않은 것과 비슷하다고 하겠다.

누구에게나 불완전하게 습득한 지식이 몇 가지 있게 마련이다. 아무리 시간이 지나도 실제로는 도움이 되지 않는 지식과 기술이다. 예를 들어 제대로 된 대화가 불가능하지만 그래도 몇 개 나라의 외국어를 조금은 할 줄 알며, 기초가 습득되어 있지 못한 과학 지식도 알고 있다. 또 타인도, 나도 만족시키지 못하는 변변찮은 기술도 있다. 이처럼 불완전한 습득에도 적잖은 시간이 소모된다. 헛되이 사라진 시간들이다. 배우려는 노력만으로도 정신은 일정 수준의 연마가 가능하다. 따라서 이 시간들을 무조건 헛되다고 말할 수는 없을 것이다. 최소한 정신의 연마는 가능했기 때문이다. 완전한 낭비로 몰아가는 시각도 부적절한다.

그러나 결과물, 즉 습득된 지식과 기술의 편차를 놓고 말한다면 극히 낮은 수준이다. 이 같은 불완전한 정신노동이 현대사회에서는 꽤나 유용한 활동으로 장려되고 있음을 우리는 기억해야 한다. 또한 그 이유에 대해서 한 번쯤은 고민해봐야 한다. 정신노동은 인간만이 누릴 수 있는 고귀한 특권임에 틀림없다. 그러므로 바쁜 현대인들은 깊이는 얕더라도 이것저것 넓게 경험해봄으로써 복잡하게 뒤엉킨 일상에서 한숨 돌리는 기회를 만들어야 한다는 전문가들의 충고는 틀리지 않다. 이 과정에서 그들이 역설하는 최소한 정신의 연마 내지는 지적 훈련이라는 성과가 남지 않겠느냐는 유혹도 제법 그럴듯하게 들린다.

그렇다면 묻겠다. 이것저것 뒤적인 결과는 무엇인가? 예를 들어보자. 피아노를 몇 년 배웠다. 음계를 구분할 줄 알게 되었다. 소곡(小曲) 정도는 연주할 수 있다. 하지만 내 마음에 가라앉은 심상을 악보로 구현해내거나, 사람들을 위로할 만큼 연주할 능력은 안 된다. 삶이 거칠어질 때마다 홀로 피아노 앞에 앉아 베토벤과 슈베르트를 따라가며 스스로를 정화시키는 것은 아직 요원한다.

　또 외국어를 몇 년 공부했다. 기본문법과 수백 개의 단어와 인사법과 발음기호 등을 익혔다. 제법 그들의 말을 흉내낼 줄 알게 되었다. 하지만 그 나라에서 가장 위대한 문학가의 작품을 우리말로 번역하는 것은 불가능하다. 그리고 과학을 몇 년 공부했다. 식물학이다. 식물의 효능과 뿌리가 대지에 손길을 내미는 과정, 생장 등에 관한 전문서적을 읽었다. 그렇다고 숲을 가꾸거나, 죽어가는 나무를 살려내지는 못한다.

　다방면에 걸쳐 다양한 지식에 관심을 보이는 것을 나무라는 게 아니다. 인간의 관점은 드넓은 평야와 같아서 그 위에는 온갖 동식물들이 살아간다. 그 중에는 곤충도 있고, 독수리도 있으며, 바람에 날려 떠도는 풀씨도 있다. 사람이 생활이라는 터전에 관계된 여러 것들에 귀와 눈을 기울이는 건 지극히 자연스러운 반응이다. 단지 선택과 집중이라는 측면에서 고려했을 때 나의 특성과 내게 주어진 한정된 시간의 역량을 가볍게 여기지 말자는 것이다. 그 대상을 최소화시킨다면 대상에 대한 이해의 척도는 보다 깊어질 것이다. 정신활동의 결과물이 좀 더 견고해질 것이다. 우리 삶에 미치는 정신의 영향력이 더욱 심화될지도 모른다. 하나의 사리에 정통해지는 것은 다른 사물과 대상에 대한 이해에도 영향을 끼친다. 우리는 같은 시공간에 존재하는 동일한 숙명체이기 때문이다. 한 가지 분야에 정통해진다는 것은 다른 분야의 정통성을 의심하지 않고 이해할 수 있는 토대가 마련되었다는 뜻이기도 하다.

현재의 시간을 철저하게 절약하고 싶다면 지금 몰두하고 있는 일들을 리스트로 작성해보는 건 어떨까. 당신이 그 일들에 어느 만큼 집중하고 있는지, 또 그 일들이 당신의 생활에서 얼마나 큰 의미를 차지하고 있는지, 앞으로 지속적인 시간과 노력을 투자했을 때 그 일에서 기대할 수 있는 성과가 어떤 것인지 차근차근 정리해보기를 권한다. 이렇게 하면 몇 가지 지적 활동 중에서 실현 가능한 것, 다시 말해 성과를 기대할 수 있는 분야가 보인다. 그 분야에 집중하자. 나머지 활동은 비록 흥미가 있고 개인적으로 소중하더라도 내려놓는다. 단념이다. 단념하는 대신 귀중한 시간이 주어진다. 단념하지 않고서는 시간이 주어지지 않는다.

다음으로는 지속적으로 추진하겠다고 결정한 지적 활동 분야에서 한계를 설정해야 한다. 한계란 곧 목표이다. 어디까지 올라가고 싶은가를 바라보지 말고 어디까지 올라갈 수 있을지를 예측하는 것이 중요하다. 지적 활동에는 명확한 한계가 설정되어 있어야 실패하지 않는다. 예를 들어 학생이 자신이 살고 있는 동네의 식물집을 만든다고 가정해보겠다. 먼저 식물표본과 식물집을 공부하면서 조직적인 연구에 들어간다. 만약 무조건 들로 나가 주변에서 자라는 식물들을 마구잡이로 스케치하고 채집한다면 나중에 그 노력이 어떤 성과를 이뤄낼까. 중구난방이 될 것이다. 우선은 기존의 식물표본과 식물집을 참고하면서 공부해야 한다. 식물에 대한 지식을 일정 수준 갖춰놓는 것이 이 학생의 지적 활동에서 한계설정이라고 하겠다. 이 학생은 전문용어나 식물학에 따른 성분표시가 아닌 색, 크기, 꽃의 유무, 자라나는 토양 등 기초적인 학술을 자신의 지적 한계로 설정한 후 이를 토대로 자기만의 식물집 구성에 나선 것이다.

또 다른 예로 여기 화가를 꿈꾸는 청년이 있다. 그는 미술교육을 받지 않은 상태이다. 그래서 유명 화가의 화집을 닥치는 대로 보며 따라했다. 그림에는 분명 소질이 있는 청년이다. 하지만 그의 그림은 사람들로부터 외면 받았다. 오랜 시간 그림을 그리고 타인의 작품을 참고하며 감동도 받았는데 노력한 만큼 결과가 따라오지 않는다. 이유가 뭘까? 그에겐 미술지식의 한계가 설정되어 있지 않았기 때문이다. 데생과 명도, 색상 등을 묘사하려는 대상에 맞게 취합하는 최소한의 기술적 한계에 도달하지 못했기 때문이다. 그래서 중구난방 같은 복잡난해한 그림을 그리게 된 것이다. 그림도 건축처럼 좁지만 견고한 기반 위에 성립된다는 사실을 깨닫고 이 청년이 종전의 형편없는 색과 형태를 무시하는 무질서한 묘사에서 벗어나 기초적인 스케치 등을 배우게 된다면 그의 그림은 훨씬 더 명확해질 것이다. 이 경우에도 시간이 절약된다.

대다수 사람들이 지적 활동에 앞서 이 같은 기초지식의 한계설정을 등한시하고 있다. 나는 꽃을 좋아하니까 당장 정원으로 뛰어나가 꽃을 심겠다는 사람은 있어도, 나는 꽃을 좋아하니까 우리 집 정원에 꽃을 심기 전에 식물학 표본 등을 공부해 우리 집 정원 토양에 적합한 꽃을 어떻게 키워야 되는지 조사해봐야겠다고 생각하는 사람은 적다. 전자의 활동은 육체노동, 혹은 취미생활이며 후자는 지식이 동반되는 지적 생활이다.

그림도 마찬가지이다. 나는 그림을 좋아하니까 당장 물감을 사서 도화지에 색을 칠해버린다. 학원이나 전문가를 찾아가 연필로 데생하는 법부터 차근차근 배우는 사람은 드물다. 전자는 놀이이며 후자는 지적 생활이다.

외국어를 공부할 때도 목표를 설정하는 것이 중

요하다. 그리고 이 목표는 언제나 한계 설정이다. 외국인과 대화하고 싶다, 외국어 원서를 읽고 싶다를 목표로 내세워서는 안 된다. 이는 어디까지나 학습 성과가 진척되는 과정에서의 결과물이다. 나의 언어적 능력이 어느 정도인가, 내가 외국어를 구사하려는 목적이 무엇인가를 정확히 인지한 후 이를 충분히 만족시킬 수 있는 범위에 한정된 외국어 공부가 선행되는 것이 옳다.

그 실례로 우리 시대의 주목받는 여행작가인 루이 에노 씨의 외국어 공부비결이 흥미롭다. 그는 낯선 나라를 여행하기에 앞서 그 나라의 언어를 공부하는 데 고작 일주일이라는 시간밖에 투자하지 않는다. 에노 씨는 그걸로 충분하다고 말한다. 자칫 오만하게 들릴 수도 있지만, 설명을 들은 후에는 고개가 저절로 끄덕여진다. 루이 에노 씨는 여행작가이다. 그가 외국을 찾는 목적은 당연히 여행이다. 학술연구를 위해 그 나라를 방문하는 게 아니다. 따라서 그에게 필요한 외국어의 지적 한계는 '여행에 실제로 도움이 되는가'이다. 에노 씨의 경험상 여행지에서 머무는 동안 자주 사용하는 단어는 고작 400개다. 하루에 70개씩 외워두는 것으로 충분하다. 물론 에노 씨는 상황에 대응하는 수완이 매우 뛰어나다. 머릿속에 담긴 400개의 단어들로 각 상황을 파악해 표현하는 것이 가능하다. 그는 자신의 이런 능력을 알고 있기 때문에 어려움을 겪지 않고 400개의 단어들로 여행을 즐길 수 있었던 것이다. 만일 그의 언어선택 능력과 상황판단력이 우리 같은 범인(凡人)이었다면 1000개의 단어를 외워도 부족했을 것이다. 더구나 목적이 모호한 여행이었다면 더더욱 곤란을 겪었을 것이다. 많은 나라를 여행한 경험이 있기에 에노 씨는 문법이 무시된 단어들로만 구성된 표현으로도 상대를 이해시켰고 대화하는 데 큰 무리가 없었다. 우리가 에노 씨를 따라했다간 국경경비대의 질문에 허둥거리다가 감옥에 가게 될지도 모른다.

최근에 에노 씨는 노르웨이를 여행하고 돌아왔다. 이번에도 고작 400개의 노르웨이 단어를 외우고 떠난 여행이다. 노르웨이 문법 같은 건 들어본 적도 없다고 한다. 그러나 한정된 범위 내에서도 에노 씨의 노르웨이 표현은 완벽했다. 그는 시장에서 원하는 걸 구입했고, 모르는 길을 물어 물어 도착했으며, 방문 목적을 질문하는 국경경비대의 질문에도 "나는 작가이며, 여행한 경험을 내 나라로 돌아가 책으로 출판하기 위해 노르웨이를 방문했다."는 아주 멋진 대답으로 그들의 환호를 받았다고 한다.

외국어를 공부할 수밖에 없는 수험생이라면 아

마도 이런 식으로 지적 한계를 설정해서는 안 될 것이다. 특히 외국어 학습에서 납득할 만한 지적 한계를 설정하는 것은 쉬운 일이 아니다. 프랑스어와 독일어를 쓰거나 말하지는 못해도 읽을 수 있도록 노력하자고 결심하는 것은 그것대로 분명 하나의 효과적인 한계일 것이다.

그러나 실제로는 만일 여행을 하거나 외국인과 교제할 일이라도 생기면 그 한계 속에만 머물러서는 안 된다는 것을 느끼게 된다. 그리고 일단 회화를 하려고 하면 서투르게 얘기하는 것은 정말 부끄러운 일이라서 완벽함을 추구하는 사람은 교양을 갖춘 본토 현지인과 얘기할 수 있게 될 때까지 절대로 만족하지 못한다.

음악의 경우 그 한계는 더욱 쉽게 발견할 수 있다. 아마추어 음악가라도 정감의 표현과 미적 감각면에서는 숙련된 전문가에게 뒤지지 않는 경우가 흔하다. 연주에 정감과 감각이 많이 요구되고 손가락 끝에서 펼쳐지는 기술이 그리 필요치 않은 곡을 선택하면 아마추어도 충분히 성공을 거둘 수 있다. 성공의 요령은 가장 간단한 곡(물론 아름답다는 전제조건이 따른다. 아름다운 곡은 모두 간결하게 구성되어 있다.)을 골라, 정감 표현에 정말로 필요하지 않은 어려운 테크닉은 모두 피하는 것이다. 또한 동시에 아마추어는 가장 쉬운 악기를 선택해야만 한다. 연주 도중에 소리를 맞추지 않으면 안 되는 악기보다도 이미 소리가 맞춰져 있는 악기를 선택해야 한다. 바이올린은 다른 악기가 내지 못하는 정감을 표현할 수 있다. 그래서 음악을 좋아하는 아마추어는 반드시 배워보고 싶어 한다.

그러나 바이올린에서 올바른 음조를 내기란 대단히 어려워서 바이올린만을 평생토록 추구하는 분들도 감히 그 경지에 달했다고 말하지 못한다. 몇 개의 다른 악기에 손을 대는 것 등은 어처구니없는 실수이다. 머잖아 악기 하나라도 제대로 다뤘어야 했는데 후회하게 될 것이다.

서로 보충하는 연구를 동시에 진행하는 것도 효과적인 시간절약이다. 풍경을 그리는 화가에게 자신이 일하고 있는 지방의 식물을 안다는 건 매우 큰 도움이 된다. 왜냐하면 식물에 관한 지식이 있으면 모든 종류의 식물을 가능한 한 정확하고 세밀하게 기억할 수 있기 때문이다. 그러니까 풍경화가가 만약에 과학을 연구하려 한다면 그림에는 전혀 무관한 화학이나 수학을 공부하는 것보다는 그림을 그린다는 지적 활동에 도움을 주는 식물학을 공부하는 편이 좋다. 전문적으로 하고 있는 연구와 밀접한 관계가 있는 지적 활동은 쉽게 잊어버리지 않는다.

연구하고 있는 몇 가지 학문 상호간의 조화야말로 시간 절약의 참비결임에 분명하다. 한 가지 중심적인 연구와 보조적인 연구 몇 가지, 그러나 보조가 되지 않는 연구는 일체 손을 대지 않는 것, 이것이 연구 배분을 결정하는 참원칙이다. 내가 알고 있는 근면한 연구자 가운데에는 핵심이라고 할 수 있는 연구와 전혀 상관이 없는 학문에 관심을 보이며 시간을 투자하는 분들이 적지 않다. 기분전환이 목표일 뿐 시간절약과는 무관한 활동이다.

마지막으로 하고 싶은 말이 있다. 비유적으로 말하면 적의 요새를 완벽하게 점령하지 않은 채 남겨두면 그것은 한심스러운 시간 낭비가 된다는 이야기이다. 적진 깊숙이 공격해 들어가야만 할 때가 있다. 되돌아옴을 기약하지 말고 정복해야 하는 것들, 정복할 수 있는 기회가 주어진 것들은 남김없이 철저히 정복해야 한다.

이처럼 착실히 전진한다는 원칙에 따라 지적 생활을 영위하고 싶다면 무턱대고 재촉 받지 않는 제어력이 요구된다. 나는 시간이 부족하다, 나는 돈이 없다, 나는 학문이 짧다와 같은, 우리를 뒤로 물리서게 만드는 변명들에 굴복해서는 안 된다. 이들 외적 압력은 우리를 슬프게 만든다. 때로는 비참하게도 만든다. 그렇더라도 우리는 포기하지 않는다. 뒷

걸음치지 않는다. 인내는 우리가 가진 최고의 재능
이자 최선의 기능이다. 물러서는 대신, 후회하는 대
신 그 자리에 꿈쩍 않고 서서 자신을 돌아보라. 당
신에게 부족한 것이 시간인지, 재능인지, 아니면 자
신을 기다리지 못하는 불신인지 헤아려보라. 정답
은 당신 안에 있다.

시간과 지적 생활의 질

예로부터 시간에 관한 격언은 무수히 많다. 그 격언들은 우리에게 주어진 시간이 짧다는 것, 시간이 가기 전에 최선을 다하라는 것, 잃어버린 시간은 만회할 수 없다는 것을 가르쳐주고 있다.

격언의 가르침이 옳기는 해도 이를 일상에서 실천한다는 건 또 다른 문제이다. 그 가르침이 부정할 수 없는 진실이라지만 진실을 안다고 해서 진실이 실현되거나 실천되는 것은 아니기 때문이다. 격언에도 책임은 있다. 시간을 절약해야 한다고 가르치면서 정작 시간을 절약하는 방법에 대해서는 침묵하고 있으니까.

사람의 일생은 변화무쌍하고 복잡한다. 시간이

더해지면 나아질까 싶지만 세월이 쌓일수록 복잡함과 변화는 더욱 극심해져서 때론 따라가는 것조차 쉽지 않다. 격언은 일반론에 가까워서 이를 개인의 생활과 연계시키는 데 고도의 집중력과 지성이 필요하다. 상식적으로 인생은 짧고 시간은 화살보다 빠르므로 현재라는 시간을 소중히 여겨야 한다는 건 당연한 소리이다. 그러나 좀 더 개인의 구체적인 생활 속으로 침잠해들어간다면 일상의 내면에서 무엇을 해야 하고, 무엇을 하지 말아야 되는지, 또 무엇부터 시작해야 되는지를 결정하는 권한은 우리에게 있으며, 격언의 가르침을 듣고 깨우쳐 이를 선택하려면 우리에겐 보편적인 지혜를 말하는 격언과 달리 특별하고 개인적인 지혜가 준비되어 있어야 한다.

이들 지혜는 경험에서 만들어진다. 어쩌면 우리는 이미 알고 있는지도 모른다. 무엇을 해야 하고 무엇을 하지 말아야 되는지 본능적으로 체감하고 있는지도 모르겠다.

어린 시절 우리 마을에는 지혜로운 어른이 살고 있었다. 나는 그분께 많은 이야기를 들었다. 그분은 세상 경험이 풍부했고 유산을 상속받기 전까지 고된 노동으로 힘들게 살아오셨다고 했다. 지금도 기억나는 것은 그분이 내게 가르쳐준 지혜로운 이야

기들은 하나같이 직접 겪은 일들이었다는 것이다. 그렇다고 남들이 꿈도 못 꾸는 대단한 경험은 아니었다. 이런 경험을 통해 그분은 한 가지 지론을 성립시키는 데 성공했다. 그분의 지론이란 개인의 경험은 그리 대수로울 게 없다는 것이다. 그래서 일상에서 쉽게 경험해볼 수 없는 어떤 특별한 상황이 눈앞에 펼쳐졌을 때는 '반드시'라고 해도 좋을 만큼 뜻밖의 사태가 발생할 위험이 높다고 했다. 그분은 이 '뜻밖의 사태'를 '숨겨진 함정'이라고 불렀다. 그분은 나를 앉혀놓고 아무리 나이를 먹어도 인생은 이 '숨겨진 함정'의 유혹을 뿌리치지 못하니 늘 주의해야 한다고 말씀하셨다.

그의 충고가 옳았음을 나는 지금껏 살아오면서 숱하게 경험했다. 이제는 나 또한 그 함정과 더불어 살아가는 것이 인생임을 인정한다. 다행히 나는 그 함정에 깊숙이 들어가 크게 상처받은 적이 없었는데, 이는 내가 현명했기 때문이 아니라 단순히 운이 좋아서였음을 알고 있다.

가끔은 함정에 빠진 적도 있다. 나의 의지로 빠졌다면 후회가 덜 될 텐데, 대부분은 나보다 박식하고 경험이 풍부한 사람들의 충고대로 움직였다가 함정에 빠지곤 했다. 어렸을 때 《해군 소위 후보생이지》라는 책을 읽었다. 시간이 많이 흘러 지금은 내용이 거의 기억나지 않지만, 단 하나 잊혀지지 않는 대목이 있다.

"해피 호의 각 보트는 적을 향해 돌격하라는 명령을 받았다. 모든 보트가 명령에 따라 적에게 돌격했다. 단 한 척, 이지가 지휘하는 보트만이 뒤로 처졌다. 그 시간에 이지의 보트는 신나게 낚시질에 집중하고 있었다. 대기하는 시간이 길어져 지루함을 느낀 이지가 낚시나 하자고 동료들을 꼬드긴 것이다. 그러는 사이에 돌격명령이 떨어졌고 낚싯대와 잡은 물고기들을 정리하는 데 시간이 걸려 이지의 보트는 가장 늦게 돌격명령을 듣게 되었다. 덕분에 적의 함포사격 사정거리에서 멀어졌고 죽지 않을 수 있었다."

일각을 다투는 돌격명령을 따르지 않은 대가로 목숨을 구한 것이다. 이것은 미래를 예상하고 움직인 결과라기보다는 단순히 운이 좋았을 뿐이다. 우리 인생도 이지의 보트처럼 운 좋게 함정을 피해나가고 위기에서 벗어나고, 결과적으로 지혜로운 선택이 되는 경우가 참 많다.

몇 해 전 가을에 유럽대륙에서 대형 열차사고가 일어났다. 내 주머니에는 사고 난 열차의 티켓이 들어있었다. 그런데 탑승 시간을 착각해 열차를 놓쳤고, 그때는 내 어리석음과 게으름에 신물이 났지만 결과적으로 나는 목숨을 부지했다. 만일 시간에 맞춰 역에 나갔더라면 열차의 잔해 속에서 내 시체가 발견되었을 것이다.

현대인에겐 시간이 지연되는 것을 참지 못하는 나쁜 습성이 있다. 기다림과 미뤄짐을 무조건 손해로 여긴다. 그런데 살다보면 지연되었기에, 미뤄졌기에 위험을 피하게 되는 상황이 종종 벌어진다. 그런 경험이 적지 않다. 하지만 우리에게 이런 행운은 그저 행운일 뿐이다. 어쩌다 보니 재수가 좋아 한 번쯤 이런 일도 있구나, 하고 넘어가버린다. 보편적으로 나타난다는 것은 일시적인 행운이 아니다. 실체를 갖춘 지혜이다. 우리는 늦어짐의 지혜에 대해 생각해봐야 되는 것이다.

예를 들어 당신이 사업을 계획했다. 오늘은 그 사업을 시작하는 첫날로 중요한 계약서에 서명을 해야 된다. 그런데 상대방이 약속을 하루 미루자고 한다. 당신은 화가 난다. 계획이 어그러졌기 때문이다. 오늘부터 기분 좋게 사업을 시작하려고 몸과 마음을 단단히 준비했는데, 첫날부터 계획이 어그러지는 것을 보고 미래에 대한 불안을 느낀다. 그래서 하루 미뤄진 것을 기회로 당연하다고 생각했던, 설마 거짓이 있으리라고는 의심하지 않았던 계약서 내용과 사업구성안을 살펴보니 이런저런 허점이 눈에 뜬다. 당신은 고민 끝에 사업에서 손을 떼기로 결심한다. 만약 이대로 오늘 계약서가 체결되었더라면 어땠을까, 눈앞이 깜깜해지면서 약속을 미룬 상대방에게 고마운 마음이 든다. 이런 일이 우리 생활에서는 종종 일어난다.

당연히 반대의 경우도 있다. 국회는 내부 알력을 핑계로 당파 싸움에 몰두하다가 방대한 시간을 허비해버리기 일쑤이다. 그리고는 충분히 심의도 하지 않은 채 적당히 체계화된 법률을 제정해버린다. 그것들이 우리 삶을 지배한다.

영감을 실천하는 데 역사상 어느 군주나 지휘관보다 우수하고 빠른 속도를 자랑했던 인물은 나폴레옹이다. 그런 나폴레옹조차도 어떻게 해야 될지 모르는 상황이 닥치면 그냥 아무것도 하지 말고 가만히 있는 게 최선이라고 말했다. 고명한 현대화가 중 한 사람도 이와 비슷한 말을 했다. 그 화가는 어느 위치에 색을 더해야 되는지만 판단이 서면 그림을 그리는 데 걸리는 시간은 불과 한 시간으로 족하다고 자신했다. 그 색을 찾기까지 오랜 시간이 걸리는 게 아쉬울 뿐이라는 것이다. 그렇다고 아무 색이나 덧칠했다가는 쓸데없이 시간만 낭비하는 꼴이다. 그래서 문제의 영감이 떠오를 때까지 끈질기게 생각하고 준비한다고 한다.

모든 시도가 좋은 결과를 낳는 것은 아니다. '해 보자'는 의도는 칭찬받아 마땅하지만 그 결과까지 자신해서는 안 된다. 우리 삶은 무의미한 의도와 실천들이 난무하는 가운데 운 좋게 성공이라는 열매를 손에 쥘 때가 많다. 쉴 틈 없이 바쁘다고 말하는 사람일수록 의미 없이 시간을 낭비하는 경우가 많다. 이와는 반대로 현명한 사람들은 스스로 여유를 만들어낸다. 나아가야 될 길을 정확히 판별하여 앞날을 예측함으로써 시간을 절약하는 것이다.

큰일을 완수하기 위해서는 아무쪼록 머리를 써서 시간을 절약해야 된다. 위대한 성공은 한 사람의 노력에서 빚어진다. 다시 말해 한 사람이 보유한 시간의 한계 속에서 역사가 이뤄진다는 얘기이다. 우리가 각자의 시간에 노력이라는 열정을 어느 정도로 투입했는가에 따라 일의 가치가 결정된다는 뜻이기도 한다. 아쉽게도 우리는 세상살이의 분주함에 떠밀려 이처럼 소중한 생의 비밀을 놓치기 일쑤이다. 그 일에 얼마나 오랜 시간이 걸릴지 사전에 파악하는 것은 시간을 절약하는 최고의 비법이다. 이는 예술에서도 마찬가지이다. 현재까지도 완성되지 못한 고딕 건축물을 생각해보라. 그들이 남긴 장려한 대성당은 위대한 예술작품인 동시에 건축가로서 실패한 아픔이다.

그들의 거대한 계획이 생전에 끝나지 못한 탓에
현대의 건축가들에 의해 처음 의도에 맞지 않는 갖
가지 시공으로 건축되고 있다. 그렇게 완공된 이 거
대한 성전(聖殿)이 과연 처음 설계도를 그린 죽은
건축가의 시간에서 어떤 의미가 있을까. 우리들이
야 놀라운 예술 앞에 그저 탄복하는 게 고작이지만,
예술의 주체라고 할 수 있는 예술가에게 생전에 끝
마치지 못한 자신의 사상을 후세의 알지도 못하는
누군가의 손에 의해 멋대로 결정지어지는 슬픔은
치유할 방도가 없는 불치병과 같다. 그들은 건축에
소모되는 최대한의 시한을 40년으로 정해뒀어야 한
다. 40년 안에 완공시켰어야 한다.

건축가의 숭고한 이념이 깃든 건축물은 인생에
비할 수 있다. 따라서 100년이 넘게 완공되지 못한
대성당은 균형을 상실한 우리네 인생에 비할 수 있
다. 끝나지 않는 개인의 번민을 닮았다. 우리는 매
일 변화한다. 작년과 올해의 나는 다른 사람이다.
내년에는 또 어떤 사람이 될는지 알 수 없다. 그러
므로 인생에 대한 계획은 생활을 좇아 변해버린 나
를 염두에 두고 수립하는 것이 옳다. 그래야만 아까
운 인생을 절약할 수 있다.

우리가 계획하는 일 중에 환상을 품기 쉬운 지적 활동은 단연 독서이다. 나는 독서에 대한 수많은 계획을 진저리가 나게 들었고, 나 또한 수도 없이 많은 독서계획들을 세웠다가 물거품이 되곤 했다. 책을 읽는다는 이 간단한 행위에서 얻어지는 성과가 너무도 크기에 우리는 쉽게 유혹에 빠지고, 또 그만큼 빨리 포기해버리기를 반복한다. 게다가 책은 사라지는 것도 아니고 값이 비싸지도 않아서 광범위한 문학서를 모조리 섭렵해버리겠다는 허무맹랑한 설계를 수립하게 만들기도 한다.

그런데 부지런히 책을 사 모아도 대부분은 시간이 없어 읽지 못한다. 내 친구 중에 변호사가 있다. 그 친구는 책을 무척 좋아하는 사람인데, 툭하면 터무니없는 독서계획을 세우는 버릇이 있다. 몇 천 권이나 되는 책을 그것도 모두 호화판 양장본으로 구입했다. 이렇게 사 모으는 데만 큰돈이 들었다. 이 친구는 아쉽게도 그 많은 책을 얼마 읽지도 못한 채 불의의 사고로 얼마 전에 세상을 떠나고 말았다.

책은 좋은 지적 도구이다. 내가 하고 싶은 말은 전업 작가이거나, 정말 책을 좋아해서 인생에 독서 외에는 의미 있는 활동이 없다고 굳게 믿는 사람이 아니라면 굳이 독서라는 지적 활동에 얽매여 반드시 많은 책을 읽어야 된다는 강박관념에 시달릴 필요가 없다는 것이다. 그런 점에서 나는 대학교의 방식을 참고할 만하다고 생각한다. 대학교는 최고의 지식교육기관이지만 그 실상을 살펴보면 그리 많은 책을 광범위하게 읽도록 강요하지 않는다. 전공에 특화된 소수의 책을 완벽하게 섭렵하라고 요구한다. 대학생들은 학위 취득과 관련이 없는 책들을 둘러보며 헛되이 시간을 낭비하지 않는다. 독서의 시작으로 이런 방법은 꽤 지혜로운 선택이다.

지난 여름 나의 계획은 정원에 해먹을 설치하고 스펜서가 쓴 '요정의 여왕'만 읽는 것이었다. 이 책을 읽는 데 걸리는 시간은 기껏해야 2, 3일이다. 그러나 나는 여름 내내 이 책만 읽으려고 작정했다. 《요정의 여왕》을 여름내 읽는 감동은 그 여름 동안 수십 권의 소설을 읽었을 때 얻어지는 감동과 큰 차이가 없으리라고 봤기 때문이다. 여기서 나의 독서는 정서적 충만과 재미, 그리고 감동이다. 나는 이 여름에 책에서 지식을 갈구하려는 게 아니다. 따라서 굳이 많은 책들을 침대맡에 쌓아두고 의무처럼 쫓기며 페이지를 대충 넘길 필요가 없는 것이다. 오직 한 권의 책만 탐독하며 내가 기대하고 있는 정서적 감동을 마음껏 누리는 게 중요하다. 안타깝게도 이 꿈은 반쯤 실현되었다. 출판사로부터 급하게 집필 요청이 들어왔기 때문이다.

독서라는 활동은 자칫 시간낭비로 귀결될 위험이 크다. 책의 세계는 워낙에 방대하고 또 그 어떤 지적도구보다 손쉽게 얻을 수 있기 때문이다. 그만큼 가치가 폄하된 분야이기도 한다. 독서계획을 수립할 때는 어느 때보다 현실적인 태도를 유지해야 된다. 책에는 페이지가 있다. 각 페이지는 이름처럼 '쪽수'가 기입되어 있다. 어떤 책이든 이 '쪽수'를 확인할 수 있다. 즉 산술적인 독서배분이 가능해진다. 내가 하루에 몇 페이지를 읽을 수 있는 사람인지를 알고 있다면 책 한 권을 정독하는 데 필요한 날짜가 계산된다.

독서는 이런 식으로 자신의 능력에 맞게 계획하고 시간을 배분했을 때 최선의 성과가 얻어지는 지적 활동이다. 외국어 원서만 해도 그렇다. 무조건 원서를 구입하고 책장을 펼친다고 해서 이해되는 건 아니다. 나의 외국어 구사능력을 고려해서 사전도 찾아봐야 하고, 낯선 문법의 등장에 따로 공부도 하는 등 독서 이외의 시간이 추가될 수 있다. 이런 자투리 시간도 독서라는 활동에 포함시켜야 한다.

외국어에 대한 얘기가 나왔으니까 말인데 어학공부도 최대 2, 3개 국어로 제한하는 것이 옳다. 다국어를 구사하는 분들은 나의 이 같은 주장에 반기를 들지도 모르겠으나, 일반인에게 다국어 학습을 강요하는 건 시간낭비일 뿐이다. 인생의 불규칙성에 적응해나가는 것도 벅찰 때가 있다. 그 와중에 낯선 외국어의 불규칙동사에 끌려다니는 것은 혐오스런 시간낭비에 지나지 않는다.

지적 생활은 시간을 먹이로 삼는다. 따라서 시간을 낭비하지 않는 것이야말로 지적 생활의 핵심이다. 탐욕스런 인간의 본능은 시간에 대해서도 비슷한 행위를 나타내려고 노력한다. 우리는 휴식이라는 이유로 쓸데없이 시간을 낭비할 때가 아주 많다. 그 시간들을 절약하지 않고서는 지적 생활에 필요한 기본 토대가 마련되지 않는다. '시간은 돈이다'라는 명제를 들어본 적 있을 것이다. 많은 의미로 해석될 수 있는 말인데, 여기서는 시간이 돈과 같다는 뜻으로 해석해볼까 한다.

돈을 열심히 벌어서 부자가 되는 방법도 있지만, 그 전에 어이없이 지출되는 돈을 절약함으로써 부의 토대를 마련하는 것이 먼저이다. 시간도 마찬가지이다. 하루 24시간이라는 공평하게 주어진 시간을 어떻게 활용할 것인가를 고민하기에 앞서 엉뚱하게 낭비되는 시간부터 절약하는 게 우선이다. 저녁마다 외출해서 돈을 물 쓰듯 쓰는 사람이 부자가 될 수 없듯이 저녁마다 파티에 나가 몇 시간씩 허비

하는 사람에게 지적 생활에 필요한 시간이 주어질
리 없다.

　내게 그림을 가르쳐주던 화가 친구는, "시간을
들여서 오랫동안 연습해야 돼요."라고 충고했다.
그 충고는 우리의 모든 일상에 공통적으로 해당된
다. 그러나 때론 시간을 들여도 실패하게 되는 경우
가 있다. 남보다 오래 공부한다고 해서 그들보다 더
나은 성적을 받는다는 보장은 없다. 단지 시간을 들
인다는 것은 기본 중의 기본이다. 시간을 들이지 않
으면 남보다 나은 성적을 받게 될지도 모른다는 기
대마저 할 수 없는 것이다. 시간은 우리에게 아무것
도 약속해주지 않지만, 또 우리에게 모든 것을 약속
해준다.

　동일한 시간 동안 사람의 인생이 다르게 결정되
는 이유는 시간의 '질'에서 차이가 나기 때문이다.
여기 두 권의 책이 있다. 똑같은 사건을 바탕으로
두 명의 작가가 쓴 소설책이다. 한 권은 바른 문법
과 정확한 어휘를 사용했고, 다른 한 권은 복잡하게
작가의 의식이 나열되는 것도 모자라 상황에 어울
리지 않는 구문법과 문장력이라도 뽐내려는 듯 어
형 변화가 난무하는 책이다. 결국 같은 내용임에도
어떤 책을 선택했느냐에 따라 책 한 권을 읽고 마음
에 얻어지는 생각이 달라진다. 또 책을 읽는 데 걸

린 시간에도 차이가 생긴다. 이것이 시간의 '질'이다.

'질'은 기억과 관련이 깊다. 질 좋은 시간은 오래도록 기억에 남는다. 질 나쁜 시간은 방금 전에 일어난 일도 기억해내지 못한다. 기억의 형성에는 두 가지 조건이 있다. 첫째, 감정적 충격이다. 선명한 감정적 충격이 뇌리와 마음에 깊게 새겨져 기억할 의사가 없음에도 저절로 기억되는 경우이다. 두 번째는 반복이다. 시간을 들여 반복적으로 주입시킨 기억이다. 두 기억의 차이가 무엇인지 예를 들어 설명하겠다.

당신 눈앞에서 한 남자가 잔혹하게 살해되었다. 당신은 그 장면을 보고 싶은 의사가 전혀 없었음에도 불가항력적으로 살인사건의 목격자가 되었다. 사람이 눈앞에서 살해되는 장면은 당신에게 아주 큰 인상을 남겼을 것이다. 꿈에서까지 그 장면이 반복될지 모른다. 문득문득 사건현장이 떠올라 괴로울 때가 많다. 잊으려 해도 죽을 때까지 그 경험을 잊지 못하게 될 것이다.

반대로 당신이 살인사건이 발생하는 찰나를 그린 그림을 보게 되었다고 가정해보자. 이 그림을 완벽하게 기억하려면 최소한 두 달은 매일같이 이 그림을 바라봐야 한다. 그렇게 강제로 기억했더라도 몇 년 후 다시 떠올려보라고 하면 흐릿한 기억만이 남아 있을 뿐이다.

학습은 후자에 가깝다. 우리가 공부하는 것들은 눈앞에서 벌어지는 실제의 살인사건이 아니다. 살인사건을 묘사한 그림을 보고 외워두는 것과 비슷하다. 감정에 선명한 흔적을 남기지 못하니 공부는 어려울 수밖에 없다. 그래서 학문은 우리에게 많은 시간을 요구한다. 이 시간을 아끼면 필연적으로 시간의 '질', 즉 기억의 질이 떨어진다. 여기서 우리가 안고 있는 근본적인 의문, 시간을 절약함과 동시에 능률을 신장시킬 수는 없는가, 라는 질문이 던져진다.

성공한 유명 극작가의 편지 말미에 이런 글귀가 적혀 있었다. "급하다거나 일을 너무 많이 떠맡아 생각대로 진행되지 않을 때는 정말이지 일하고 싶은 기분이 손톱만큼도 들지 않아 큰일이다."

그의 편지에서 주목해야 될 점이 있다. 그는 부담이 느껴질수록 능률이 떨어진다고 토로한다. 그런데 실제로 보면 다급해질수록 일을 척척 진행시키는 사람이다.

압축한 철은 그렇지 않은 철보다 더 많은 열을 발생시킨다. 포탄을 만들 때 표면에 압축한 철을 두르는 까닭은 충돌 시에 더 큰 열을 발생시켜 포탄에

내재된 화약을 보다 강력하게 폭발시키기 위함이다. 능률을 철에 비유할 수 있지 않을까?

건강한 자극은 지적 생활에 능률을 가져오는 좋은 환경이다. 긴장은 지적 생활을 좀 더 오랫동안 지속시켜주는 연료에 비할 수 있다. 로시니는 젊은 작곡가들에게 서곡은 공연 첫날 새벽에 쓰라고 충고했다.

"절박함은 영감의 어머니이다. 작품의 완성이 너무 늦는 것 아니냐며 문 밖에 대기 중인 인쇄소 직원, 절망감으로 머리털을 쥐어뜯는 매니저가 내 곡에 영감을 준다. 이탈리아에서 활동하는 매니저들은 머리카락이 거의 없다. 곡을 제때 써내지 못하는 작곡가 곁에서 머리카락을 쥐어뜯는 게 일이기 때문이다. 그들은 서른 살도 안 돼 대머리가 되곤 한다. 내가 '오셀로'를 구상할 무렵이었다. 생각대로 곡은 안 나오고 약속한 시일은 가까워오고, 결국 사람들은 나를 호텔 방에 감금해버렸다. 식사는 한 접시의 마카로니가 전부였다. 마지막 음표를 써넣기 전에는 살아서 이 방을 나가는 일은 없을 것이라고 협박했다. 그 협박이 없었다면 나는 '오셀로'를 완성하지 못했을 것이다.

'도둑까치' 서곡은 초연이 있던 날 새벽에 처음 구상했고, 아침에 동 트기 전 완성했다. 매니저에게 끌려가 어느 다락방에 감금되어 그 곡을 쓴 것이다. 새벽에 서곡을 완성하고 낮에 연습해서 저녁에 처음 연주했다. 그날 내가 갇혀 있던 다락방 문 밖에는 네 명의 건장한 공연장비 담당자들이 나를 감시하고 있었다. 아무리 설명해도 그들이 문을 열어주지 않았기에 나는 곡이 완성될 때마다 창문을 열고 아래로 던졌다. 밑에 대기하고 있던 인쇄소 직원이 악보를 주워 인쇄소로 달려갔다. 그날 아침까지 곡을 완성하지 못했다면 그 창문으로 내 몸이 던져졌을 것이다."

로시니는 자진해서 절박함을 갈구한 예술가 중에 가장 좋은 결과를 얻어낸 사람이다. 우리 같은 일반인이라면 저녁에 연주회가 있는데 그날 새벽까지 곡의 첫 출발이라고 할 수 있는 서곡을 구상조차 하지 않았다는 게 이해가 되지 않지만, 또 우리가 그런 상황에 처해진다면 절박함이 아니라 절망밖에 할 것이 없다고 생각되지만, 로시니는 공연 전까지 시간을 맞출 수 있다고 이전부터 계획했던 것으로 보여진다. 곧 공연이 시작된다는 흥분과 그럼에도 불구하고 아직 서곡이 나오지 않았다는 절박함이 작품을 관통하는 주제의식을 더욱 선명하게 부각시켜 작곡가의 내면에서 영감으로 떠올랐던 건 아니었을까? 마치 공부 잘하는 모범생이 수업시간 15분

전에 예습해두는 것으로 충분하다고 여기는 것처럼 말이다.

비슷한 예로 내가 아는 정치인 중 연설을 가장 잘하는 분이 있다. 그분은 따로 원고를 준비하지 않는다. 오늘 연설해야 될 주제에 대해 한참을 고민하고 고민하다가 원고 없이 대중 앞에 나타난다. 그들의 눈과 마주쳤을 때 비로소 해야 될 말이 떠오른다는 것이다.

결과적으로 로시니는 자신이 해야 될 일을 가장 짧은 시간 안에 훌륭히 해냈다고 볼 수 있다. 그에게 공연 첫 날 새벽의 몇 시간은 그의 인생에서 10년에 버금가는 귀중한 시간이었을 것이다.

이처럼 필요한 시간을 적절히 계산해내는 것이 능률이다. 이를 잘못 계산하면 당연한 말이지만 낭비가 된다. 낭비된 시간과 노력은 끝맺음이 없다. 처음 시작과 달리 애매하게 끝이 난다. 뭔가를 배워도 겉만 핥은 게 되고, 미완성된 무용지물이 허무하게 남겨질 뿐이다. 지적인 사람이라면 누구나 대여섯 개의 다른 분야에 관심을 갖고 있다. 이에 적잖은 시간을 소요한다. 아마도 이 대여섯 개의 분야 중에 제대로 만족스런 성과를 얻게 되는 것은 거의 없을 것이다. 핑계는 다양하다. 공부가 불충분했다, 시간이 부족했다 등등.

공부가 불충분했다는 핑계도 따지고 보면 시간이 부족해서 일어난 일이다. 시간이 충분했더라면 공부가 불충분해지지는 않았을 것이다. 이해력이 부족해서 투자한 노력만큼 성과를 거두지 못했을지언정 말이다.

자, 여기서 우리는 중대한 질문을 던져야 한다. 왜 처음부터 시간이 충분치 못하다는 것을 예상하지 못했느냐는 것이다. 지금 하고 있는 일 때문에, 그리고 살아가는 방식 때문에 지적 생활이 요구하는 시간적 여유를 준비할 수 없었다는 변명은 자신의 삶에 날마다 소요되는 시간의 양과 질을 제대로 계산하지 못한 채 살아가고 있다는 얘기가 된다.

분야를 막론하고 성공한 사람들은 성과를 거두게 되기까지 어느 정도의 시간이 필요한지를 계산해냈다. 공부를 잘하는 학생은 성적을 얻기까지 얼마나 공부해야 되는지를 그 자리에서 알려줄 수 있다.

지적 생활 도중에 절망에 빠지는 분들이 많다. 우리를 절망에 빠뜨리는 근본적인 원인은 자기 자신에게 있다. 10분이면 충분한 것에 10시간을 허비한다. 10시간이면 족한 일에 10년을 투자한다. 이 말도 안 되는 인생계산에서 모든 절망이 시작된다.

여기에는 그만한 이유가 있기는 하다. 그렇지 않고서는 이토록 많은 사람들이 똑같은 실수를 반복한다는 것이 설명되지 않는다.

그 이유란 생활습관이다. 지나치게 오래 잔다. 지나치게 오래 식사한다. 수면시간과 식사시간, 휴식 등은 상황에 따라 얼마든지 줄일 수 있다. 신축성 있게 관리할 수 있다는 뜻이다. 좀 더 집중해서 노력하고 휴식시간과 수면시간을 적절히 줄인다면 앞으로의 10년은 지금까지의 10년보다 훨씬 더 긴 시간을 우리에게 제공할 것이다. 시간이 더 늘어나는 효과이다.

시간 절약의 필요성에 공감하는 것만으로 능률은 향상된다. 그러나 시간을 절약한다는 것은 고무줄을 늘이는 것과는 다르다. 굳이 비유하자면 가죽끈을 늘이는 것과 비슷하다. 즉 분명한 한계가 있다. 시간을 절약할 줄 아는 사람은 자신이 한 시간에 어느 정도나 일할 수 있는지를 정확히 알고 있다. 그 판단이 1년이라는 햇수로 확장되고 10년이라는 세월로 축적된다. 따라서 시간에 대한 환상 따위는 바라지도 않는다. 먼 장래를 기약하듯 내일을 계획하는 데 있어서도 신중해져야 하는 것이다.

그렇다고 해서 시간낭비라 여겼던 모든 순간이 무의미한 것은 아니다. 가끔 명사들이 1분도 허비해서는 안 된다는 식으로 강연하는 것을 듣게 되는데, 지적인 관점에서 봤을 때 이건 말도 안 되는 소리이다. 세상이 시간낭비로 여기는 행동 중에는 지적 생활을 윤택하게 만들어주는 경험들이 흔하다. 빈둥거리다가 갑작스레 떠오른 기억으로 캔버스 앞에 앉는 화가도 있다. 기억의 화학변화이다. 기억은 지적 생활을 유지시키는 산소와 같다. 우리는 기억할 수 있기에 지적인 삶을 살아갈 수 있게 되었다.

따라서 망각을 경계할 필요는 없다. 기억하려고 했던 것들이 어느 날 갑자기 우리 머릿속에서 모두 사라져버렸다면 그것은 원래 기억해둘 가치가 없었기 때문일 확률이 높다. 셰익스피어와 스콧, 세르반테스, 디킨스, 골드스미스, 몰리에르 같은 천재 작가들이 그들의 삶을 완벽하게 기억해냈다고 한다면 그 엄청난 기억의 총량에 짓눌려 미쳐버렸을지도 모른다. 그들은 끊임없이 새로운 자극을 받아들였고, 그때마다 중요하지 않은 기억들을 지우는 데 빠르게 순응했다.

요점은 인간성이다. 나의 인간성이 구현되고 만들어져가는 시간이 필요하다는 점이다. 개인적인 시간은 매우 귀중하다. 그리고 개인적인 시간의 올바른 형태는 사람마다 다른 모습이다. 명사들 얘기처럼 1분도 허비하지 않았다고 해서 이렇게 모인 시간들이 항상 좋은 결과를 만들어내는 것은 아니다. 때로는 쓸데없이 사전을 뒤적거리고, 대수롭지 않은 팸플릿을 훑어보는 도중에 내 안의 위대한 인간성이 돌연 출몰할 때가 있다. 내가 기억하지 못하는 곳에서 나만의 영감이 튀어나오는 것이다. 그런 계기를 개인적인 시간이 만들어준다.

섬세하고 날카로운 관찰력을 가진 테퍼(1799~1846, 스위스의 화가, 교육가), 클로드 틸리에(1901~1944, 프랑스의 저널리스트, 소설가)는 혼자 빈둥거리는 시간낭비를 굉장히 중요하게 여겼다. 테퍼는 1년 가까이 아무것도 하지 않고 철저하게 빈둥거리는 것은 인격을 향상시키는 데 큰 도움을 준다고 주장했을 정도이다. 클로드 틸리에는 여기서 한 발 더 나아가 "전력을 다해 무엇인가를 하는 시간은 인생에서 가장 무익한 시간이다."라고 말했다.

저 사람은 시간을 낭비하고 있어, 혹은 나는 지금 시간을 헛되이 보내고 있지는 않은가, 라는 불안과 자책은 충분히 이해한다. 하지만 이를 실수로 여겨서는 안 된다. 착오와 오해는 인생에 따르는 섭리와도 같다. 누구든지 실수를 저지르고, 누구든지 시간계산에 오류를 일으키며 살아가고 있다. 나는 한 번도 그런 적이 없다고 말하는 사람은 아예 시도조차 하지 않은 사람이므로 그런 자들이 하는 말을 귀

담아 들어주는 것이야말로 시간낭비이다.

어린애 같은 공상도 좋은 의도로 사용되었을 때는 놀라운 성과를 이룩하는 시발점이 된다. 인생을 살다보면 여러 가지 생각들, 계획들이 찾아온다. 그 결과가 전과 다름없이 헛될 수도 있다. 헛수고가 될지도 모른다. 그것은 중요한 게 아니다. 인생의 쓴맛을 피하려고만 하지 말고 쓴맛에서 고유의 향취를 찾아내는 것도 시도해볼 만한 노력이다. 시간의 필요성, 시간의 절약에 무심했던 자신을 탓하는 것도 좋지만, 이왕이면 지나간 시간들 속에서 무엇인가 내 안에 남겨진 성과가 있을 것이다, 나만의 개성과 인간적인 장점 등이 그 시간들을 통해 만들어졌을 것이다, 라고 돌아보는 것이다. 그렇게 찾아낸 나만의 성과 위에 다가올 시간들이 머물 자리를 마련해둔다. 어리석음에는 어리석음만이 줄 수 있는 특별한 기억이 있다. 그걸 잊은 채 살아가는 사람과 뭔가를 찾아내 기억하며 살아가는 사람의 미래는 동일하지 않다.

책 읽을 시간을 확보하고 규칙적으로 읽는다

문화 향상에 전 생애를 바친 빅토르 재크몽(1801 ~32, 프랑스의 박물학자, 탐험가)이 쓴 편지 중에 독일인의 지적 노력을 언급하는 대목이 있다.

"독일인의 다양하고 광범위한 지식습득에 항상 놀라곤 한다. 그들이 어떻게 그토록 놀라운 지적 활동을 이어나갈 수 있는지 무척 궁금하여 독일 출신의 지리학자에게 물어봤다. 여기 그가 했던 말을 그대로 옮겨보겠다.

'독일인은, 나처럼 게으른 사람도 있지만, 여름이든 겨울이든 새벽 다섯 시면 일어난다. 아침식사는 보통 아홉 시에 먹는데, 그때까지 네 시간 동안 공부를 한다. 중간에 담배를 피우거나 커피를 마실 때를 제외하곤 자리에서 꼼짝도 하지 않는다.

식사시간은 보통 삼십 분 내외이다. 아내와 대화를 나누거나, 아이들에게 요즘 공부하는 내용을 물어본다. 그리고 서재로 돌아가 여섯 시간 동안 공부한다. 저녁식사를 끝마치는 데 한 시간 반쯤 걸린다. 이 시간 동안 아이들 공부를 봐주고 잠들기 전 네 시간을 다시 서재에서 보낸다. 매일 이런 생활을 반복한다. 여간해서는 외출하거나 사람을 만나지 않는다. 독일에서 가장 유명한 물리학자인 에르스텟이 동시에 최고의 의사일 수 있었던 이유가 이것이며, 철학자 칸트가 뛰어난 천문학자가 된 이유이다. 대문호 괴테는 식물학, 광물학, 물리학에 정통했다. 이런 일이 어떻게 가능했을까? 전형적인 독일인의 은둔 덕분이다.'

나는 이 말을 듣고 크게 낙담해버렸다."

당신도 독일인의 부지런함 앞에서 재크몽처럼 낙담해버린 것은 아닌지. 독일인처럼 공부하면 당신도 지적으로 훌륭한 사람이 될 수 있다. 낙담만 할 일은 아니다. 무조건 부러워할 것도 아니지만.

칸트와 괴테는 위대한 지식인이다. 그들이 지성에 바친 희생은 우리의 생활에서는 불가능한 목표이다. 우리 앞에는 늘 처리해야 될 업무가 산더미처럼 쌓여 있다. 그걸 놔두고 책을 읽거나 글을 쓸 수

143

는 없다. 괴테와 칸트처럼 지적 교양을 쌓는다는 명분 아래 아침부터 밤늦게까지 쉬지 않고 공부한다는 것은 아무리 생각해도 어렵다.

그러나 한편으로는 지적 생활에 대한 새로운 깨달음도 얻었을 것이다. 지적 생활은 한 가지 분야에 만족하지 못한다는 것. 자연스레 지금 관심 있게 몰두하고 있는 분야와 연관이 있는 새로운 지식을 탐낸다. 당신이 보기엔 한 가지에나 집중하는 편이 나을 듯싶은데 이것저것 기웃거리는 행동이 못마땅하게 비칠지도 모르겠으나, 지적 생활이란 원래 그런 것이다. 지식은 한 가지 모습이 아니다. 아주 다양한 얼굴을 보유하고 있다. 자기도 모르게 그 모습을 찾아가는 여행이 지적인 삶인 것이다.

내가 알고 있는 지식인들 상당수가 칸트와 괴테처럼 자신의 전문분야가 아닌 것들을 공부하는 데 적잖은 시간을 투자하고 있다. 개중에는 전공과 완전히 반대되는 공부에 몰두하는 이도 있다. 예를 들면 고전문학을 연구하는 학자임에도 수학 공부에 열을 올리고 있으며, 직업은 분명 미술평론인데 하루의 대부분을 물리학 공부에 쏟고 있는 분도 있다. 유명한 음악가임에도 사석에서 만나 얘기를 나눌 때면 그의 경제학 지식에 감탄한 적도 있다.

지성의 세계에서 실용주의라는 명명은 속물의

학명 같은 것이다. 실용주의적 지식인이라는 묘사는 결국 저 사람은 속물적 지식인이다, 라는 의미이다. 그리고 지성의 세계에서 실용주의란 전문분야 외의 다른 것들에 관심을 기울이고 노력한다는 뜻으로, 이는 곧 자기가 걷고 있는 길에서 성공할 자신이 없기 때문에 미리 약삭빠르게 성공할 확률이 높은 다른 길을 찾는 것으로 여겨지기 일쑤다. 그래서 지식인들은 다방면에 걸쳐 골고루 지식을 갖추고 있는 소수의 동료를 경멸해왔다. 자기 전공을 연구할 시간도 부족한데 쓸데없이 곁눈질을 하고 있다는 것이다.

그러나 이렇게 말하는 지식인들이야말로 단순히 지식을 외우고 습득한 직업적 지식노동자에 불과하다. 아마도 그들은 생애에 단 한 번도 진정한 의미에서 지적 생활을 경험해보지 못했을 것이다. 지적 생활은 의무가 아닌 욕구이다. 궁금한 것이 생길 수밖에 없고, 그 궁금증을 참지 못해 이 세계의 다양한 모습에 관심을 기울이는 것은 지적 생활의 숙명과도 같다. 이를 이해하지 못하는 지식인은, 즉 지적 생활을 향유해본 경험이 없다는 말이다. 지적 생활을 경험해보지 못했으니 당연히 새로운 교양과 지식을 습득하고 싶다는 욕망도 느껴보지 못했을 것이다.

올바른 지적 생활자는 한 가지 이상의 연구에 종사하는 것이 순리이다. 여러 가지 학문적 관심사 중에 가장 많은 시간을 투자하고 있는 것, 가장 흥미를 느끼는 것을 주업으로 여기면 된다. 주업에 하루 중 제일 많은 시간을 투자하고, 그 나머지 시간에 다른 흥미로운 지적 활동에 나서는 것이다. 이를 위해 우리는 한정된 시간 속에서 능률을 찾게 된다. 주업의 능률이 높아질수록 더 많은 시간상의 여유가 생길 테고, 이는 곧 또 다른 지적 욕망의 충족에 필요한 시간적 여유가 될 테니까 말이다. 화가가 집중해서 오늘 정해놓은 분량의 스케치를 끝마치고 술을 마시거나 카페에서 친구들과 잡담을 하는 대신 문학사를 공부한다. 반대로 소설가가 하루 중 정신이 가장 맑은 시간에 집중해서 글을 쓰고, 주어진 여유시간에 평소 관심이 많았던 물리학을 공부한다. 마찬가지로 사업가라면 신체가 최고로 활발하게 작용하는 시간에 업무를 처리하고, 남은 시간에 책을 읽거나 외국어를 공부할 수 있다. 배워보고 싶은 무언가를 배우고 익히기 위해 주업에 소비되는 시간을 최대한 줄이는 것이다. 그러기 위해 저절로 능률이라는 개념을 찾게 될 것이다. 일의 능률이 오를수록 주업도 번성하고, 동시에 새로운 지적 분야를 개척할 수 있는 기회도 얻게 된다.

그러기 위한 첫 번째 단계는 해야 될 일을 위해 규칙적이고 합리적으로 시간을 사용하는 습관을 만드는 것이다. 일이라든가, 건강에 신경 쓰지 않고 오직 책을 읽는 데만 하루에 두 시간씩 투자할 수 있다면 더 바랄 게 없다. 하루 두 시간은 결코 많은 시간이 아니다. 이 정도로는 불충분하다고 말하는 사람이 더 많을 것이다. 나는 일부러 적은 시간을 정해놓았다. 왜냐하면 이 두 시간의 독서시간만큼은 반드시 지켜주기를 바라는 마음에서이다.

생업은 포기할 수 없다. 지적인 여가 외에도 취미라든가, 사람들과의 교류가 필요하다. 그런 시간을 모두 제하고도 하루에 두 시간은 누구든지 마음만 먹으면 마련할 수 있는 여유로운 한때이다. 만약 내가 매일 네 시간 책을 읽으세요, 라고 말했다면 당신은 독서 그 자체를 포기할지도 모른다.

그러나 하루 두 시간 정도라면 당신은 고려해볼 만하다고 생각할 것이다. 대신 이 두 시간이라는 시간을 정확히 지켜야 한다. 하루 두 시간뿐이라는 합리적인 시간을 규칙적으로 확보해서 책을 읽어야 한다. 다시 한 번 강조하지만 규칙적인 실천이 중요하다. 당신이 하루 두 시간 가량의 독서를 규칙적으로 실천해준다면 1년에 무려 700시간이 된다. 700시간 동안 당신이 읽는 책의 양을 생각해보라. 그

책들이 당신 삶에서 일으킬 소용돌이와 변화와 깨달음과 지식을 상상해보라. 700시간이 흐른 뒤에 당신은 지금과 완전히 다른 인격체로 변모해 있을지도 모른다.

도중에 중단해서는 안 된다는 충고를 다시금 강조하겠다. 도중에 중단하는 것이 얼마나 큰 마이너스인지 깨닫고 있는 사람은 매우 드물다. 플로렌스 나이팅게일이 동료 간호사들에게 했던 말을 들려주고 싶다.

"내가 지금부터 하는 말은 근거가 없는 얘기가 아니에요. 병이 났을 때든, 건강할 때든 어떤 일을 한다는 것, 생각한다는 것, 감정을 느낀다는 것은 신경을 파괴하는 사건입니다. 우리 몸의 신경은 이 순간에도 파괴되고 있습니다. 약을 투여하고 치료해서 회복시키는 속도에 맞춰 다른 곳의 신경이 파괴되고 있다는 뜻이에요. 당연히 건강한 사람보다 그렇지 못한 환자의 신경이 더 빠르게 파괴됩니다. 우리는 무엇인가를 생각하기 때문에 뇌신경이 파괴돼요. 그래도 우리는 또 무엇인가를 생각해야 됩니다. 뇌는 계속 부담을 느끼겠죠. 우리는 이 부담을 현명하게 관리해야만 해요. 예를 들어 당신이 상상력이 풍부한 사람이라면 놀라움이나 색다른 경험은 위험할 수 있어요. 당신의 뇌는 일반인보다 더욱 크게 반응할 테니까. 이런 분들이 지속적으로 부담스런 자극에 노출된다면 어떻게 될까요? 정신착란이나 지각마비 같은 병에 걸립니다.

우리는 환자나 마찬가지예요. 우리 삶은 결코 건강하지 않아요. 세상에 아프지 않은 사람은 없습니다. 마음이든, 몸이든, 정신이든 우리의 일부는 아프고 병들어 있어요. 환자를 다루는 법은 간단해요. 우선은 스푼에 물을 적시어 입술을 축이죠. 그러면 환자는 혀로 축축해진 입술을 닦아요. 외부 자극에 반응하는 것입니다. 그 반응을 본 다음에 음식물을 입에 조금 넣어줍니다. 외부 자극에 반응했던 환자는 무의식중에 음식을 삼키게 돼요. 처음부터 입에 고깃덩어리를 넣어준다면 환자는 삼키기는커녕 토해냈을 것입니다.

같은 이야기를 나는 우리 인생에 들려주고 싶어요. 변화를 원한다면 조금씩, 천천히, 그러나 꾸준히 강도를 높여나가는 방법을 택하세요. 갑작스레 앞으로 이런 인생을 살아갈 거야, 라고 얘기하지 마세요. 가슴은 흥분으로 두근거릴 것입니다. 하지만 그건 정확한 의미에서 기대감과는 달라요. 두려움과 낯설음이 복잡하게 얽혀 있는 무리한 심장박동이에요. 나중에 심장마비가 올지도 몰라요."

당신은 나이팅게일의 충고에 뭐라고 대답할 것인가? 나는 정신착란에 걸리지 않았다, 지각마비 같은 것도 없다, 스푼으로 입술을 적셔주지 않아도 된다…. 아마도 당신의 머릿속은 이렇게 대답하고 있을 것이다. 그런데 나이팅게일의 충고는 여기서 끝이 아니다.

"환자와 건강한 사람의 차이가 뭘까요? 환자는 침대에 누워 있고, 건강한 사람은 자신의 두 발로 걸어다니고 있는 걸까요? 맞는 이야기에요. 그렇다면 환자와 건강한 사람의 차이는 '걷다'가 될 것입니다. 환자는 걷지 못하고 건강한 사람은 걷고 있다, 이 말은 즉 계속 걸어가지 못하는 사람이 곧 환자라는 것입니다. 인생에서 자신의 길을 중단한 사람이 곧 환자라는 이야기입니다. 시간이 없다, 돈이 없다는 이유로 잠시라도 그 걸음을 멈추었다면 그 사람의 인생은 지금 아파하고 있다는 뜻입니다."

돈을 버느라 시간이 없다. 많은 사람들을 만나고 상대하느라 시간이 없다. 그래서 잠시 책을 내려놓았다. 잠시 중단한 것이다. 그렇다면 당신의 지적 생활은 병들어 있는 상태이다. 책을 읽다가 중단하는 것은 처음부터 읽지 않은 것보다 나쁜 결과를 낳는다. 머릿속이 뒤죽박죽이 되는 것이다.

예를 들어보겠다. 문구점 주인은 1분 간격으로 펜과 노트가 어디 있느냐는 질문을 받는다. 그의 머릿속에서 펜과 노트, 필통 등이 어지럽게 날아다닌다. 하지만 엄밀히 따져서 그의 머릿속은 조금도 복잡하지 않다. 그의 대답은 문구점이라는 공간을 벗어나지 않기 때문이다. 그의 육체가 문구점에 있듯 그의 생각들도 문구점 외의 것은 떠올리지 않는다. 아무리 손님이 밀려와도 그의 생각과 감정은 문구점의 물건들에서 벗어나지 않는다.

변호사는 어떤가? 변호사가 다루는 법률은 문구점보다는 복잡하다. 하지만 그래도 법전이라는 테두리가 있다. 복잡한 사건이더라도 변호사는 법률이라는 테두리 안에서 생각하고 고민한다. 의뢰인의 미래라든가, 피해자가 입었을 정신적 상처는 법률 바깥에서 일어나는 일이다. 변호사는 여기에 책임질 이유도 없고, 동정심을 느낄 필요도 없다.

그렇다면 독서는 어떠한가? 당신이 플라톤이 쓴 《소크라테스의 변명》이라는 책을 읽는 중이라고 가정해보겠다. 현재와는 완전히 다른 시대를 그리고 있는 이 위대한 작품 안에서 당신이 느끼는 감정은 현실 세계에서 체험하는 것과는 별개이다. 페이지를 넘기면서 법정 장면이라든가, 소크라테스의 가르침, 비통해하는 제자들을 당신은 마음속에서 그려낸다. 그들에게 인격을 부여하고, 감정에 동화되고 끝내는 그들 중 한 명이 되어 스스로 등장인물이 된다.

500명의 위원들로 가득한 법정, 그리스풍 건축, 흥미롭게 지켜보는 무지한 민중, 증오스런 메레토스, 질투에 사로잡힌 정적들, 슬픔에 잠긴 가족들이 지켜보는 가운데 싸구려 천조각을 아무렇게나 뒤집어쓴 사내가 등장한다. 추한 용모와 달리 걸음걸이는 당당하고 눈빛은 용기로 무장되어 있다. 그는 슬퍼하는 제자들을 향해 이야기한다.

"너 자신을 알라!"

그 당당한 가르침이 책을 읽고 있는 당신의 가슴속에서 마치 현실인 것처럼 생생하게 재현된다. 밀려오는 감동, 지나간 날들에 대한 후회, 다음 장면에 대한 기대가 복잡하게 뒤섞인 바로 그때 누군가가 당신을 찾는다. 업무상 매우 중요한 일이다. 당신이 아니고서는 해결할 수 없는 문제이다. 어쩔 수 없이 책장을 잠시 덮고 일하러 나간다. '너 자신을 알라!'고 하는 위대한 철인(哲人)의 외침은 더 이상 귓전에 남아 있지 않다. 무사히 일을 마치고 다시 책장 앞으로 돌아왔을 때, 당신의 감정은 이전과는 다르다. 마음은 지쳐버렸고, 머리는 쉬고 싶다고 재촉한다. 당신이 머릿속에 그리고 있던 고대 그리스의 숭고한 인간 정신은 이미 무너질 대로 무너져버린 상태이다. 감동이 파괴되어 잔해 같은 일상 속에 멍하니 서 있는 당신뿐이다.

중단된 독서는 아무것도 남기지 않는다. 당신이 중단을 대수롭지 않게 생각한다는 것은 알고 있다. 전깃줄을 다시 이어붙이면 전류는 다시 통하지만, 사람 마음은 그렇지 않다. 지적인 상상력이 끊어진 뒤로는 처음부터 다시 시작해야 한다. 끊어진 자리에서 재생되는 지적 감동은 세상에 존재하지 않는다. 찢어진 명화(名畵)를 다시 붙인들 과거의 명작이 되지 않는 것과 마찬가지이다. 시간이 부족하므로 여유가 생겼을 때 띄엄띄엄 책을 읽고 필요한 만큼의 지적 생활을 이어나가겠다는 산술적 계산으로는 당신이 기대하는 지적인 삶은 건설되지 않는다.

지식을 넓혀나가는 것의 장단점

우연히 유명한 프랑스인 요리사와 음식의 미묘한 맛 차이에 대해 얘기할 기회가 있었다. 그분이 말하기를 세상엔 수없이 많은 요리가 있지만, 음식을 만드는 방법만 놓고 본다면 결국 두 가지로 요약할 수 있다고 한다. 첫째는 재료끼리 주고받는 맛의 뒤섞임을 알고 있을 것, 둘째는 재료에 따른 화력의 사용법이라고 한다. 그 이야기를 듣고 요리와 교육이 무척이나 닮았음을 알게 되었다. 인간의 지식이 점차 넓어져가는 과정과 야채와 고기와 생선이 하나의 음식이 되어 우리 앞에 놓이는 과정이 일맥상통하다는 것을 깨닫게 되었다.

그분에게 명성을 안겨준 요리는 '가또 드 푸아

(Gateau de Foie)'라는 음식이다. 이 메뉴는 뛰어난 풍미로 유명하다. 맛의 중심이 되는 주재료는 닭고기이다. 그중에서도 핵심은 닭의 '간(肝)'이다. 두 번째 핵심재료는 파슬리이다. '갸또 드 푸아'는 닭의 간에 파슬리의 풍미를 더하는 것이 기술이며, 파슬리를 생략하거나, 파슬리 대신 다른 잎채소를 쓰면 특유의 풍미가 나오지 않는다고 한다. 또 파슬리를 지나치게 많이 쓰면 풍미가 짙어지기는커녕 입도 못 댈 만큼 쓴맛이 난다는 것이다.

'갸또 드 푸아'에 나는 큰 흥미를 느꼈다. 먹고 싶다기보다는 고작 파슬리 때문에 미식가들이 칭송하는 훌륭한 요리와 입에도 못 대는 형편없는 요리로 나뉜다는 그 이론이 사실인지 궁금했던 것이다. 프랑스인 요리사는 다음날 자신의 말이 사실인지를 확인시켜주었다. 파슬리를 조금 많이 넣은 '갸또 드 푸아'를 내게 대접했다. 나는 완벽하게 요리된 '갸또 드 푸아'의 맛을 알고 있다. 담백한 간 요리에 더해지는 파슬리의 상큼함이 조화를 이룬 가벼우면서도 맛이 깊고 여운이 긴 멋진 요리이다. 그런데 파슬리 몇 개가 더 들어갔다는 이유로 풍미는 사라지고 속이 메스꺼운 쓴맛이 남았다. 마치 아무런 열정도 없이 지나온 청년 시절의 추억 같은 쓴맛이 났던 것이다.

지식은 넓을수록 좋다는 말을 듣는다. 지식이라고 하면 종류에 개의치 않고 도움이 될 것이라고 말한다. 생각해보면 '갸또 드 푸아'와 비슷한 게 아닐까. 우리들은 이것도, 저것도 다 배워야 한다는 충고를 듣는다. 그 지식이 우리에게 어떤 영향을 미치게 될지는 중요하지 않다. 우리의 정신이 이를 어떻게 받아들이게 될지에 대해서는 고민하지 않는다. 그저 지식이니까 익혀두면 좋지 않겠느냐는 막연한 기대뿐이다.

파슬리 이파리 하나가 '갸또 드 푸아'의 맛을 결정하듯 어떤 분야의 지식이 우리 안에서 거대한 화학작용을 일으켜 인생을 변화시키게 될지 모르는 일이다. 파슬리가 닭의 간을 만나 특별한 맛을 만들어내듯 우리도 지식과 조우해 경탄할 만한 지성을 만들어내는 것이다. 이 변화는 눈에 잘 보이지 않아 식별하기 어렵다. 그래서 미처 깨닫지 못할 때가 많다. 식별하기 어렵지만 무엇을 배우든 그 배운 것은 우리의 정신에 영향을 미친다. 순수한 개성에 영향을 미치는 것이다.

다시 한 번 생각해보자. 요즘 들어 균형 잡힌 지식이 중요하다는 주장이 자주 제기되고 있다. 오늘날은 과학의 시대이다. 일상과 미래는 과학이 밝혀낸 지식 위에 서 있다. 그러나 지식의 종류는 눈에

보이는 과학적 진실 외에도 눈에 보이지 않는 영혼이라든가, 마음, 인간의 감정에 대한 지식도 상당부분이다. 우리는 물리적 환경뿐 아니라 심리적 환경에서도 살아가고 있는 것이다.

세상은 과학의 발전에 힘입어 진보하고 있다. 그럴수록 과학만이 유일한 진실이며, 과학만이 최고의 지식인 양 설파되고 있다. 과학적이지 않은 인간의 다른 모습은 무지이며, 미개이며, 과오가 되는 것이다. 과학적 지식의 총량이 늘어나는 것은 분명 바람직한 일이지만, 모든 인간에게 그것이 필요하다고 강요한다면 문제가 된다. 지식의 최종 목표, 즉 정신적 향상은 과학지식의 총량만으로 채워지는 것은 아니기 때문이다. 음식의 맛은 재료를 쏟아부었다고 해서 빚어지는 것은 아니다. 파슬리는 몸에 좋은 향신료이지만 과하면 쓴맛이 난다. 닭의 간이 적절한 수준을 벗어나 과하게 투입되면 기름이 둥둥 떠다닌다. 인간의 정신은 요리의 완성도에 비할 수 있다.

내가 알고 있는 어느 영국인 작가는 전심전력 끝에 자신만의 문체를 만들어냈다. 그의 사상을 묘사하는 데 더없이 적절한 문장구사가 이루어진 것이다. 이런 성과에 자신감을 얻게 된 그는 조금 더 욕심을 냈다. 발전하고 싶었던 것이다. 그래서 로크

(1632~1704, 영국의 철학자)의 철학적 문장구성법을 연구했다. 어떤 결과가 나왔을까? 우리가 부러워했던 그의 거침없고 탁월한 문장이 그가 발표하는 새로운 논문에서 완전히 사라져버렸다. 우리를 탄복시켰던 간결하고 힘 있는 문장은 어디론가 사라지고 불쾌할 만큼 길게 나열된 악문(惡文)이 그 자리를 대신하게 되었다.

그는 과거보다 더욱 치열하게 글을 썼다. 온갖 고생 끝에 논문을 완성했다. 하지만 결과는 독자를 고통스럽게 만드는 최악의 상황이었다. 누구의 생각인지 모를 망상들이 가득했다. 그는 저술가이다. 자기만의 특색을 문장에 담아내야 한다. 그런데 이 영국인 작가는 지나치게 욕심을 부렸다. 수많은 대가들의 글을 모방해버렸다. 결국 자신의 기량을 잃고 말았다.

내가 아는 어떤 화가도 비슷한 실패를 경험했다. 그는 그림을 그릴수록 묘사에 대한 공부가 부족하다는 인상을 받았다고 한다. 회화적인 지식 외에 풍경에 대한 전문적인 지식을 공부하게 되었다. 대지를 묘사하는 데 도움이 될까 싶어 지질학을 공부한 것이 패착이었다. 지질학에 대한 지식이 늘어날수록 그의 그림은 지질학 책에 등장하는 삽화 같은 모양을 띠게 되었다. 회화적인 균형을 상실해버린 것이다. 화가는 풍경의 아름다움에 기쁨을 느끼고, 그 기쁨을 표현하기 위해 캔버스를 앞에 둔다. 그런데 이 화가는 대지를 대지로 바라보지 못하고 지질성분으로 바라보게 되면서 그림 그리는 능력을 상실하게 된 것이다. 화가에게 중요한 건 감성이지 지질학적 지식이 아니다.

지적으로 활동적인 사람들이 간혹 과도한 지식습득으로 지성의 자유를 잃게 되는 사례를 목격하게 된다. 이를 증명할 만한 예는 무수히 많다. 즉 지적인 생활에 미치는 지식의 영향력이라는 게 언제나 장점만 있는 것은 아니라는 이야기이다.

유감스럽게도 익혀야 될 지식을 선택하는 데 있어 정해진 기준은 없다. 지금 문득 생각난 것이 있는데, 가장 합리적인 기준은 알고 싶다, 궁금하다고 느꼈던 기분이다. 그 기분을 순수하게 믿어야 된다. 만일 당신이 무엇인가 궁금한 것이 생겼다면 그것은 틀림없이 당신에게 도움이 되리라고 본다. 이런 기분도 전적으로 옳다고는 말하기 힘들지만, 그나마 세상 사람들이 말하는 왜곡된 의견보다는 낫다고 생각되는 것이다. 주의할 점은 인간은 자신과 관련이 없는 것들에 간혹 의문을 느낄 때가 있다. 의문으로 그쳐야 되는데 의문이 확신이 될 때까지 추구하다보면 정작 관심을 가져야 될 것들에 소홀해지기도 한다.

내가 자신 있게 말할 수 있는 것은 뭔가 새로운 지식을 배우게 되면 반드시 지성 전체의 구조에 변화가 생긴다는 점이다. 화합물이 외부에서 유입된 새로운 성분에 의해 다시금 변화되는 것처럼 말이다. 지식을 넓혀나가는 것은 장점과 단점을 모두 안고 있다. 열성적인 교육론자들은 배워서 나쁠 게 없다고 말한다. 문제는 배운 것이 내 안에서 어떤 작용을 일으킬지 아무도 모른다는 것이다. 특히 지적 생활자들은 과도한 지식습득으로 자기만의 개성을 잃게 될 염려가 있다.

지식의 축적이 지적 생활의 목표는 아니다. 우리는 배운 것을 나만의 개성으로 새롭게 배출하기를 원한다. 그 길에서 지식은 매우 중요한 이정표인 동시에 때로는 무지가 전에 없던 창의적 발상을 가능케 하는 자유의지가 되어주기도 하는 것이다. 이 둘을 자연스럽게 융합시키는 것이야말로 지적 생활의 성공적인 사례라고 생각된다.

정력적인 활동도 능률이 뒷받침되지 못하면 공염불이다. 방황에 지나지 않는다. 이따금 광범위한 분야를 연구하는 천재가 등장하기도 한다. 1864년 세상을 떠난 수학자이자 동양학자인 프란츠 예프케도 그런 천재들 중 한 명이었다. 세상에는 잘 알려져 있지 않으나, 그는 짧은 생애 동안 다양한 분야에서 학문적인 업적을 남겼다. 그는 다양한 분야에서 전문적인 지식을 축적했다. 그는 수학사를 전공하면서 아라비아어, 페르시아어, 산스크리트어를 익혔다. 그는 자신의 책을 이들 3개 언어로 똑같이 편찬했다. 여러 나라를 여행하며 연구했고, 그 나라의 지도자들과 사귀었다. 놀랍고도 다채로운 그의 지식도 근본을 따져보면 좋아했던 두 가지 분야를 공부한 것에 지나지 않는다. 그는 수학과 어학을 좋아했다. 특히 어학에 재능이 있었고, 수학에 관심이 많았다. 그는 어학적 재능을 타고났으나 좋아하는 수학을 전공했고, 그런 한편으로 좋아하는 어학 공부도 쉬지 않았다. 그는 다른 나라 언어를 배운 뒤에 그 나라의 수학적 방식을 공부했다. 어학과 수학이라는 추구하는 바가 전혀 다른 두 학문이 예프케의 지성에서 하나로 융합된 것이다.

괴테는 "인간의 지능이 미치지 않은 영역이 산더미처럼 쌓여 있으며, 그것들이 우리의 미래를 가로막고 있다."고 말했다. 예프케는 다양한 분야를 탐구하고 정통했으나 굳이 힘들게 찾아내려 노력하지는 않았다. 자신에게 적합하지 않다고 여겨지는 분야까지 탐구하는 미련함은 보이지 않았다. 선천적으로 자신과 맞지 않는 분야에 관심을 돌리는 것은 쓸데없는 낭비이다. 이는 뿔을 찾으러 떠났다가 귀를 잃어버린다는 유대인 속담에 나오는 어리석은 낙타를 떠올리게 한다.

여러 분야를 공부해야 한다는 집착

시대가 발전할수록 전공은 한 분야로는 부족해
질 것이다. 한두 가지 분야를 연구하는 것만으로는
재능이 발휘되기 어려울 것이다. 그 점에서 시대를
앞서갔다고 생각되는 젊은이를 알고 있다. 우리 시
대에 그처럼 다양한 분야에 흥미를 보이면서 공부
하고 전문성을 갖춘 사람은 드물다.

만약 그의 조부가 지금 그가 연구하는 계획표를
보게 된다면 아마도 믿지 않을 것이다. 그의 조부는
일반인이 아니었다. 당대의 사상과 시류를 이끌던
분이셨다. 지금의 그와 비교해도 결코 뒤처지지 않
는 훌륭한 신사였다. 그런 분마저도 그의 현재 모습
에는 감탄을 넘어 놀라움을 금치 못할 것이다.

젊은 시절, 그의 조부님을 뵌 적이 있다. 라틴어 학식은 뛰어났지만, 그리스어는 조금 부족하다는 인상이었다. 본인도 그리스어에 흥미가 없다고 실토하셨다. 대학 졸업 무렵에 그리스어를 포기했다고 웃으면서 말씀하셨다.

그러나 라틴어 능력이 워낙 출중했기에 떨어지는 그리스어 실력은 대수롭지 않았다. 그분의 라틴어 실력은 안장을 얹은 명마처럼 언제 어디서나 자유롭고 완벽하게 구사될 수 있는 상태였다. 하루도 빼놓지 않고 라틴어를 공부하던 모습이 나에게는 큰 지적 자극이 되었다. 늘 고전을 곁에 두고 읽어야 한다는 가르침을 지금도 나는 잊지 않고 있다. 더구나 혼자만의 지식으로 담아두지 않고 라틴어 번역과 해설서를 꾸준히 출판하여 사람들에게 과거의 경탄할 만한 교양을 소개해주셨다. 생각해보면 그분이 구사할 수 있는 외국어는 라틴어가 고작이었다.

하지만 라틴어 하나로 그분은 드넓은 교양과 문학적 진수와 지식을 몸에 익혔다. 그분의 학식은 열두 나라의 언어에 능통한 자와 비교해도 뒤처지지 않는 수준이었다. 다만 근대어는 전혀 할 줄 모르셨다. 기본이라고 할 수 있는 프랑스어조차 할 줄 몰랐다. 그 당시엔 독일어를 공부하는 사람이 드물었

다. 과학은 수학을 제외하곤 일체 공부하지 않으셨
고, 그렇다고 수학을 잘하셨던 것도 아니다. 예술에
관해서는 무지에 가까웠다. 리고(1659~1743, 프랑
스 화가)와 레이놀즈(1723~1792, 영국의 초상화
가)를 구별하지 못했다. 또 악기를 연주해본 적도
없다고 말씀하셨다.

　조용하고도 기나긴 세월에서 유일하게 지속된
지적 활동은 라틴문학과 영문학 연구였다. 특히 라
틴문학 연구에 있어서만큼은 누구도 따라올 수 없
는 독보적인 위치에 오르셨다. 그분은 라틴문학의
대가라는 세상의 칭송을 자랑스러워하지 않았다.
명성을 위해 공부한 것이 아니기 때문이다. 그저 라
틴어와 라틴어로 쓴 옛 작품들과 함께 있으면 답답
하고 세속적인 현재라는 시간을 잊게 되어 즐겁다
고 하셨다. 지적인 만족을 더해주고, 그 만족이 다
른 어떤 기쁨보다 자신을 행복하게 만들어준다고
고백하셨다. 그분을 아는 모든 사람들이 교양 있는
신사로 바라봤다. 실제로 그분은 지식인이었다.

　현재의 이 젊은이와 라틴문학 대가였던 조부 사
이에는 한 세대의 차이밖에 없다. 그러나 한 세대
만에 지성의 훈련에 얼마나 큰 변화가 생겼는지 모
른다. 젊은이가 배우고 있는 것을 열거해볼까 한다.
그동안 못 본 사이에 몇 가지 분야가 추가되었을지

도 모르겠다.

내가 들은 것만 해도 그리스어, 라틴어, 프랑스어, 독일어, 이탈리아어, 수학, 화학, 광물학, 지질학, 식물학, 음악론, 두 종류의 악기, 갖가지 미술 이론, 유화와 수채화 실기, 사진술, 동판 에칭 등을 공부하고 있다. 6개 국어를 비롯해 여섯 종류의 과학 분야(광물학과 지질학은 하나로 쳤다), 여기에 다섯 가지 종류의 예술이 더해진다.

영문학에 정통하려면 최소 몇 년은 공부해야 한다. 이 젊은이는 영국인이므로 영문학은 태어남과 동시에 익숙해진 학문이라고 볼 수 있을 것이다. 하지만 열여섯 개의 서로 다른 학문은 언뜻 이해가 되지 않는다. 게다가 분야도 제각각이다. 음악과 미술은 이론에 덧붙여 실기도 뒤따른다. 무엇보다도 이 사람이 택한 이 왕성한 학문의 나열은 각 분야마다 평생이 걸릴지도 모르는 심오한 세계이다. 이 모두를 매일같이 공부한다고 가정했을 때 최소한 30분씩은 투자해야 한다. 직업이 있어서도 안 된다. 먹고사는 문제로 연구할 시간을 빼앗겨서는 안 되기 때문이다. 그리고 한 분야에 지나친 열정을 보여서도 곤란하다.

현대사회는 인간에게 더 많은 지식능력을 요구한다. 외국어를 더 많이 구사하는 것이 능력이며,

상반되는 다양한 분야의 지식을 갖고 있는 것이 지적수준의 증명처럼 여긴다. 만약 이 젊은이의 조부가 지금 살아계셨다면 그분은 무식한 시골신사로 대접받으셨을지도 모르겠다.

하지만 나는 그의 조부를 존경한다. 진심을 담아 그분의 위대한 삶을 찬양한다. 그분께는 우리가 잃어버린 지적 생활의 본성이 가득했기 때문이다. 우리는 그분보다 더 많은 지식을 공유하고 있지만, 그분이 맛보았던 지적인 생활의 기쁨은 경험하지 못한다. 우리는 지식과의 대면에서 옛날 사람들이 겪었던 흥분을 느끼지 못한다. 우리의 지적 수준은 과거보다 확장되었을지 몰라도 지적 감수성은 과거에 비해 분명 퇴화해버렸다.

그의 조부는 지적 생활 앞에서 절박함을 느끼지 않았다. 그것을 몰라서 초조해진다거나, 불안해하지 않았다. 시간이 부족하다는 두려움을 모르고 사셨다. 이유가 뭘까? 그분은 매일 하고 싶은 공부를 했기 때문이다. 하고 싶은 일을 누구의 눈치도 보지 않고 마음껏 했기 때문이다. 우리처럼 쫓기는 사냥감의 심정으로 지식의 문을 두드리지 않았기 때문이다. 마치 미식가가 자기도 모르는 사이에 살이 찌듯 그분은 즐기듯 지적 영역을 탐구했고, 세월이 차곡차곡 쌓여감에 따라 지성인으로서의 발자취가 확대되었다.

그분은 자신이 지적으로 불완전하다는 생각을 하지 않았다. 타인과의 비교로 불행한 압박도 느끼지 않았다. 비록 그분은 고대 로마인처럼 라틴어를 아름답게 구사하지는 못하셨다. 그렇다고 라틴어 실력이 부족하다며 스스로를 책망하는 일도 없었다. 만일 그분이 고대 로마인을 만나 그가 하는 말을 반밖에 알아듣지 못했더라도 부끄러워하지 않았을 것이다. 그분은 당대 라틴어 전문가들과 비교해 월등한 능력을 보여주셨으나, 이를 자랑스럽게 여기지 않았다. 그분에게 라틴어는 지적 즐거움, 그 이상도 이하도 아니었다. 누군가와 경쟁하려고 서재에 틀어박혔던 게 아니다. 세상의 강요로 서재에 갇혔던 것도 아니다. 고대 로마의 저술가들과 즐거운 한때를 보내기 위해 자발적으로 책을 읽었고 라틴어를 공부했다. 그곳에서 그분은 철저히 혼자였으나 외롭지 않았다. 책장에 남아 있는 위대한 지식인들의 생명이 친구가 되어주었기 때문이다.

만약 그분이 이 젊은이처럼 프랑스어를 공부하고, 지질학에 관심을 두고, 매일 피아노를 연습했다면 과연 그 위대한 생명들이 그분을 찾아줬을까? 과연 고대 로마를 자유롭게 여행할 수 있었을까? 우리가 잃어버린 지적 감수성을 다른 말로 표현하면 정통(精通)일 것이다. 이 젊은이는 열여섯 가지 분야에서 지적인 활동을 영위하고 있다. 그러나 그중 몇개 분야에서 정통하다고 자부할 수 있을까?

인간에게 보다 많은 능력과 실천을 요구하는 현대사회는 한 가지 분야에 정통하는 것을 바람직하게 여기지 않고 있다. 그러나 지적 생활은 정통함을 추구했을 때 비로소 제 모습을 드러낸다. 한 가지 분야를 정하고, 이에 대한 흥미를 상실하지 않고 꾸준히 즐겁게 연구하는 지적 생활은 작은 땅에 만족하며 토지를 경작해 질 좋은 무공해 농작물을 수확하는 농부의 삶에 비견할 수 있다.

우리는 대농(大農)을 꿈꾸지 않는다. 내 육신이 감당할 수 있는 적당한 넓이의 밭을 일궈 내가 가장 좋아하는 식물이 그 밭에 뿌리내리게 되기까지 땀방울을 흘리는 것, 이보다 아름다운 지적 생활은 존재하지 않는다. 안타깝게도 이 작은 소망이 우리 삶에서 실현되기까지 너무나 많은 장애물이 우리 앞을 가로막고 있다.

첫째로 공교육이다. 현대교육은 숱한 과목들로 이루어져 있다. 당연히 그 가르침은 초보적인 지식에 머문다. 일정 단계 이상의 가르침은 기대할 수 없다. 어느 영국인 교육자는 이렇게 말했다.

"자녀교육에 대한 나의 생각은 확고하다. 청소

년기에는 특별하게 뛰어난 과목이 드러나지 않도록 적정 수준의 교육만 허락한다. 학교에서 아이들에게 되도록 많은 과목을 접하게 하는 이유는 낯선 학문으로부터 겪게 되는 곤란함에 익숙해지기 위해서다. 이런 연습을 통해 아이들은 훗날 자신이 어떤 분야를 선택하든 당황하는 일이 없을 것이다."

이게 무슨 뜻일까? 현대사회는 우리가 어떤 성향을 가지고 있는지 알고 싶지 않다는 뜻이다. 그래서 여러 과목을 던져주고 나중에 가장 적합한 분야를 골라 스스로 가야 될 길을 찾아 떠나라는 얘기이다. 즉 인간이 자발적으로 성장하는 것을 지켜볼 용기가 없다는 뜻이다. 자녀에게 음악과 미술과 수학과 외국어를 가르치는 부모의 심정은 어떤 것일까? 그것은 자녀를 사랑해서가 아니다. 제 자식이 무엇을 좋아하는지, 무엇을 할 수 있는 인간인지 모르겠다는 두려움으로 이것저것 가르치고 보자는 방임의 또 다른 모습일 뿐이다. 몸에 좋은 음식을 한 상 가득 차려놓고 하나씩 먹어보라는 강압에 지나지 않는다. 이 시대의 청년들이 방황하는 이유는 지나치게 많이 배워서이다. 얕은 깊이로 너무 많은 학문을 거쳤기 때문이다. 인류의 지적 유산은 그리 풍부하지 못한다. 현대인이 지적 생활을 계획하면서 무엇을 배우고 무엇을 피할까, 고민하는 것은 어리석은 짓이다. 고뇌는 쓸데없다. 우리는 본능으로 무엇을 배우고 싶은지, 무엇에 관심을 갖고 있는지 알고 있다. 그 길로 망설임 없이 떠나면 되는 것이다.

처음부터 한 과목, 또는 두 과목으로 압축해 지식을 쌓고 교양을 축적하는 것이 정답이다. 우리에 겐 이토록 많은 분야의 지식이 전부 필요하지는 않다. 이 같은 특권이 과거의 악습처럼, 무지처럼 여겨지는 현실이 안타깝다. 이 순간에도 세계는 새로운 지식을 만들어내고 있다. 우리는 그렇게 만들어진 가벼운 지식들에 뒤떨어질까 두려워하고 있다. 지식은 특권이 아니다. 지적 생활은 몇몇 선택받은 자들을 위한 축복이 아니다. 오늘날의 젊은이들은 과거의 가장 화려한 지적 지도자들보다 더 많은 것들을 배우고 있다. 하지만 그들이 보여주는 지성인 으로서의 모습은 그들이 배우는 데 바친 노력과 열정에 비해 너무나 하찮고 보잘것없다.

문명이 발달했다고 말한다. 과학이 발전했다고 말한다. 하지만 인간의 뇌는 과거에 비해 조금도 달라지지 않았다. 우리의 뇌는 과거의 용량에서 단 한 걸음도 진보하지 않았다. 불변하는 현실이다.

조상들은 하나를 공부했고, 여기에 정통해질 때까지 최선을 다했다. 우리는 여섯 가지를 공부하고, 그중 단 한 분야에도 정통하지 못하는 실패를 반복하고 있다. 조상들은 배움을 실천에 옮겨 자기만의 사상을 갖추려고 노력했다면, 우리는 배우는 과정에 집착하여 '배웠다'는 과거형을 자랑삼고 있다.

우리 시대의 젊은이에게 기대하는 것은 부디 그들이 접한 수많은 과목들 중 하나를 선택해 생이 허락하는 그날까지 연구에 매진해달라는 것뿐이다. 그것이 유일한 바람이다.

지원의 편중으로 학문을 판단하는 병폐

나는 지적 연구에 소위 '보호'라는 개념이 포함된다는 데 의구심을 갖고 있다. 불만이라고 해도 좋다. 한 나라의 정부가 학문을 장려하기 위해 여러 가지 포상금이나 명예를 준비해놓는 것은 나쁘지 않다. 하지만 학문적 성과 이상의 명예와 부가 주어진다는 건 잘못된 행태라고 보여진다.

학문에는 여러 분야가 있다. 모든 학문은 각기 나름의 목표가 있고, 그 목표에 도달하기까지 견뎌내야 하는 고통이 있다. 그 고통에 차별을 둘 생각은 없다. 대신 고통을 통해 이룩된 가치에 대해서는 구별이 있어야 된다고 믿는다. 우리는 공통의 시간을 살아가고 있다. 이 시대는 우리의 무대이며 역할이다. 그러나 이 역할에는 엄밀히 주연과 조연, 엑스트라가 구별된다. 그들 모두가 모여 시대라는 무대를 완성한다. 주연의 능력을 갖춘 자는 주연 자리에 어울리는 노력과 재능을 보여줘야 한다. 조연은 조연대로 능력과 노력을 아끼지 않는다.

내가 하고 싶은 말은 이 무대 위에서 주연이 받아야 될 환호와 조연이 누려야 될 인정은 다르다는 것이다. 즉 똑같은 학문일지라도 분야에 따라 차등이 주어져야 한다. 인류에 대한 공헌이 더욱 지대한 분야는 마땅히 그렇지 못한 분야보다 더 큰 보상과 감사를 받아야 한다.

그런데 상황은 어떠한가. 본래 받아야 될 이상의 환호와 물질적 보상이 불평등하게 주어지고 있다. 인류에게 더 많은 공로를 베푼 학문적 성과는 천대받고 있다. 반대로 그다지 유용할 것 없는 학문적 성과는 정부 주도하에 인정받고 있다. 이런 상황이 반복된다면 나중에 어떤 일이 벌어질까. 후한 보상이 주어지고 있는 중요하지 않은 분야들이 학문의 세계에서 주류를 이루게 될 것이다. 왜냐하면 재능을 갖춘 젊은이들이 세간의 환호를 좇아 자신의 재능을 반감시키는 그런 분야를 전공하게 될 게 뻔하기 때문이다.

미술계를 예로 들어보자. 메달과 훈장, 금전만으

로 정부는 주목받지 못하는 일파를 회화의 주류로 부상시킬 수 있다. 몇몇 주동자들에게 훈장을 주고 감투를 주면 되는 것이다. 과연 이런 식으로 주류가 된 일파가 시대와 교섭할 수 있을까? 작금의 시대가 종료된 후에도 지금과 같은 명성과 영향력을 행사할 수 있을까? 아니 우리가 그들의 그림에서 감동과 위로라는 예술 본연의 가치를 찾을 수나 있을까?

그들이 미술계의 주력으로 부상한 이유는 예술적 가치가 아니다. 정부가 던져준 훈장과 메달, 돈이다. 이를 보고 많은 인재들이 그들 일파에 소속되려 애쓴다. 그럴수록 예술의 중심인 시민은 예술적 목마름에 시달리다 못해 끝내 각자의 인생에서 예술이라는 카테고리를 제외시키게 된다. 누구를 위한 예술이며, 누구를 위한 보상이란 말인가. 이런 슬픈 일들이 프랑스와 독일에서 심심찮게 일어나고 있다.

어제 오늘의 이야기는 아니다. 과거에도 이런 일들이 자행되었다. 과거에 시대를 이끌었던 문화적 조류는 시대의 주체인 일반 대중의 선택이 아니었다. 예술가에게 먹을 것과 입을 것, 잘 곳을 제공해주는 소수의 귀족과 왕실의 사치성향을 추종한 결과물에 지나지 않았다. 예술가의 생활을 보장해준다는 그럴 듯한 포장 아래 일반 대중의 고뇌와 현실이 무참하게 지워진 문화적 조류가 형성되었던 것이다. 우리가 알고 있는 고전문학, 고전음악, 고전미술 등 '고전'이라는 고귀한 명예가 주어진 사조들 중 상당수가 이와 같은 과정을 통해 만들어졌다. 당시 생존했던 수많은 이름 없는 영혼들은 거기에 담겨 있지 않다. 예술가의 순수한 의욕도 찾아보기 힘들다. 예술가는 자기 안에서 터져 나오는 진솔한 육성(肉聲) 대신 자신에게 생활을 보장해주는 소수의 가진 자들이 바라는 아름다운 목소리를 흉내낸 것에 지나지 않기 때문이다.

예술의 생명은 마음속 깊은 곳에서 솟아오르는 열정이다. 이 열정이 예술가를 탄생시킨다. 예술가는 그 열정을 타인에게 보여주고 싶어 그림에, 문자에, 그리고 소리에 자신의 감정을 담아낸다. 훈장과 교수라는 사회적 위치, 정부지원금이 목적이 된다면 화가는 자신의 열정을 바라보지 않게 될 것이다. 세상에 자신을 드러내고 싶다는 꿈도 포기하게 될 것이다. 대신 훈장수여권이 있는 문화단체와 정부, 대학 관계자들 눈치를 보며 붓을 들게 될 것이다. 화가의 그림에는 영혼 대신 정부가 말하는 공리적 예술, 대학이 요구하는 규범이 담기게 된다. 화가는 표현하지 않고 그 같은 규범을 따라가게 된다. 창작해내려는 정열은 어딘가로 자취를 감춰버린다. 다만 훈장과 직위와 돈에 얽매인 규범에 따르려는 의식이 가득해진다.

문학상도 마찬가지이다. 요즘 시인들은 문학상을 받기 위해 시를 쓴다. 상을 받기 위해 만들어진 시에는 열광이 없다. 그런 시는 안전을 추구한다. 안전한 시어, 안전한 시상, 안전한 시제, 안전한 묘사뿐이다. 그 시를 읽고 수상자를 결정하는 권한을 지닌 문단의 어른들에게 잘 보여야 하기 때문이다. 그들이 원하는 규범에서 벗어나지 않는 무난한 시여야 되는 것이다. 그들이 이해할 수 있어야 되므로 독창성은 피해야 한다.

그러나 생각해보자. 우리가 사랑하는 그림과 우리를 일깨워준 시는 하나같이 독창적인 개성이 넘쳐났다. 광기에 가까운 에너지를 품고 있었다. 우리는 그 뜨거움에 반응했다. 틀을 정해놓고 그 안에 죽은 개성을 담아놓은 그림과 문학을 우리는 사랑한 적이 없다.

정부가 앞장서서 문학과 미술과 음악을 장려하는 태도는 바람직하지 못하다. 예술은 살아 있는 생명체이기 때문이다. 학문도 다르지 않다. 정부가 주도적으로 어떤 학문을 장려하는 것은 학문 그 자체를 병들게 만드는 원인이다. 국가 발전에 지금 당장 도움이 된다는 이유로, 즉 돈이 된다는 이유로 어떤 학문은 인정하고 그 외의 학문은 등한시한다면 어떤 일이 벌어질까? 국민은 정부가 지지하는 학문이 진짜이며, 그렇지 못한 학문은 우리 삶에 필요 없다고 여기게 될 것이다. 지식의 가치는 유용성이 전부는 아니다. 연구자가 전공을 선택함에 있어 정부가 선택을 강요해서는 안 된다. 연구자는 오직 자기 목소리, 자기 생각에 집중해야 한다. 이 분야가 돈이 되는지, 이를 전공했을 때 교수가 될 확률이 높은지, 나중에 훈장이나 메달 수상자가 될 수 있는지를 따지게 된다면 이미 순수한 지성의 발현은 물 건너 갔다. 우리는 심신이 나약한 인간이므로 유혹은 뿌리치기 힘들다. 나의 타고난 재능과 관심을 억누른 채 정부가 권장하는 안전한 길을 택하게 된다.

현실을 보자. 젊은 학생들은 정부와 학교가 지원하는 학과를 선택해 공부하고 있다. 사회적으로 인정받는 전공을 택하고 있다. 그게 좋아서, 재미있어서, 하고 싶어서 택하는 경우는 거의 없다. 그들은 학위를 따고 원하는 목적을 달성했을 때 주저 없이 자신이 걸어온 지성의 길을 던져버리게 될 것이다. 전공이 무의미해지는 것이다.

이것이 과연 진정한 의미의 공부일까? 이런 식으로 정부의 목적이 달성될 수 있을까? 정부가 개입할수록 사람들은 원하지 않는, 필요하지 않은 학문을 학위 때문에, 돈 때문에 선택하게 되는 형국이다. 정부가 나선다고 해서 국가의 전반적인 지식 수준이 높아지거나, 국민의 지적인 삶이 윤택해지는 것은 아니다. 국가 주도로 국민의 지성이 발전되는 일은 없다. 뿐만 아니라 현재와 같은 비건설적인 방식으로는 더더욱 무리이다. 오히려 학문이 돈과 명예의 수단으로 전락하는 최악의 결과가 초래될까 두렵다. 국가가 주도하는 학문 장려, 예술의 장려는 국가의 발전과 번영이라는 목적하에 진행된다. 그러나 학문과 예술의 본질은 지극히 개인적인 의지의 표출이라는 점을 잊어서는 안 된다. 인간은 명예를 위해, 돈을 위해 학문과 예술의 길에 들어서는 것이 아니다. 그 길을 걷지 아니하고는 도저히 견딜 수 없다는 내면의 욕구에 따라 일생을 지성에 바치게 되는 것이다.

예를 들어 이 정부가 곤충학에서 훌륭한 성과를 기대하고 있다고 가정해보겠다. 이 나라의 가장 전도유망한 젊은이들은 장학금과 보장된 일자리를 찾아 곤충학을 전공하게 될 것이다. 다들 《곤충학 서설》의 공동 집필자인 카비와 스펜서를 공부하며 10년쯤 뒤에는 곤충학 박사 학위를 취득하게 될 것이다. 그렇다면 이 많은 젊은이들이 모두 곤충학을 평생의 업으로 삼게 될까? 아닐 것이다. 그중 소수만이, 정부가 굳이 나서서 장려하지 않아도 곤충에 관심이 많았던 사람들만이 곤충학을 꾸준히 연구하여 성과를 거두게 될 것이다. 나머지 절대다수는 곤충학 박사 학위라는 자기 생에 필요도 없는 명예를 달고 다른 길을 찾아 떠나게 될 것이다. 지난 10년 동안 곤충학 대신 차라리 다른 학문을 모색했더라면 귀중한 시간이 이런 식으로 사라지는 경험은 하지 않아도 되었는데 말이다. 국가에 유용한 젊은이의 에너지가 정부 정책에 쓸데없이 수용되어 헛되이 낭비되어버렸다.

아마도 이에 대해 정부는 이렇게 변명할 것이다. 곤충학 그 자체가 실용성이 있는 학문은 아니다, 다만 매우 귀중한 지적 훈련으로서 그들 각자를 성장시키는 데 밑거름이 되었을 것이다, 라고.

지적 훈련이란 명목으로 관심도 없고 재능도 없는 곤충학을 10년 가까이 공부한다는 건 너무나 잔인한 일이다. 불필요한 지적 훈련 탓에 정작 해야 될 일을 하지 못하고 젊은 날의 정력을 모두 소진한 청춘은 어떻게 되는 걸까? 젊음에도 한계가 있다.

과학의 진보과정에는 이와 같은 장려제도가 불가결했다. 정부의 주도하에 사람들 관심에서 멀리 떨어졌던 곤충학이라는 학문이 일상에 보다 깊게 스며들었다는 점에서 성과가 아주 없는 것은 아니다. 하지만 우리 모두가 곤충학과 관련한 기초지식을 얻게 되었다고 하더라도 이를 두고 학문의 진보로 이야기할 수는 없다. 곤충에 대한 지식이 우리 삶에서 얼마나 큰 비중을 차지할까? 그 많은 청춘들이, 그 오랜 시간을 투자하여 젊음을 바칠 만큼 가치가 있을까? 그 긴 시간을 보다 중요한 학문적 의문과 예술의 난제를 극복하는 데 투자했다면 더 좋은 결과가 나타나지 않았을까?

정부가 나서서 강압적으로 곤충학자를 대량 생산하지 않아도 소수의 재능 있는 곤충학자들로 충분히 성과를 이뤄낼 수 있다. 교육부가 필수 과목으로 선택하지 않아도 곤충에 대한 지식은 소수의 열정만으로 충분하다.

모든 학위를 폐지하고 개인의 자유의지에 맡겨 버리자, 라고 주장하는 건 아니다. 나는 거기까지 생각하고 있지는 않다. 앞으로도 그런 식의 주장은 없을 것이다. 단지 정부와 대학이 "이런 종류의 연구에 집중해주십시오. 우리 말을 따르는 분들에겐 더 빨리 학위를 수여하고, 수익이 보장된 직장을 분배해드리겠습니다."라는 꿀송이 같은 말로 젊은이들을 유혹하지 말아달라는 부탁이다. 선택을 강요해서 학문의 지적 연구에 차별을 두지 말아달라는 간곡한 부탁이다. 왜냐하면 국가와 대학에는 개인의 지적인 삶을 차등 짓고 순위를 매기고 강압적으로 인도할 자격도, 권한도 없기 때문이다.

다음과 같은 방식으로 수정되어야 그나마 납득할 수 있는 여론이 형성되리라고 본다. 우선은 각 분야의 권위자들, 특히 능력을 인정받는 사람들로 심사위원을 구성한다. 이들을 모아 위원회를 설치한다. 위원회에 증명서를 수여하는 등의 권한을 부여한다. 한 예로 곤충학을 전공한 사람이 있다. 그는 자신의 전공에 최선을 다했고, 이를 인정받고자 한다. 위원회에 이 같은 뜻을 전달한다. 위원회는 그의 요청을 수용해 각 분야의 전문가를 모아 그의 곤충학 전공이 사회적으로, 또 대중의 일상생활에 그만한 가치가 있는 연구였는지 검증하는 것이다. 이런 시스템이 자리잡는다면 각 분야의 연구자들, 대학생들은 교수에게 잘 보이기 위해, 장학금을 타기 위해, 학위를 위해 노력하는 관행에서 벗어나 자신의 지적 활동이 보편적인 인류 가치에 보탬이 되는 방향으로 나아가게끔 고민하게 되리라 기대한다.

지성은 국가의 역사가 바뀌더라도 언제나 동일한 위상을 누려야 한다. 따라서 이를 검증하는 과정이 대학이라는 한정된 범위에서 행해지는 것은 옳지 않다. 정부의 개입 또한 옳지 않다. 인간은 배움을 증명해야 한다. 학문이 세상에 통용된다는 것을 확인해야 한다. 위와 같은 방식으로 증명서를 취득한 자가 교직을 맡고 전문연구자로서 인정받게 된다면 현재 우리가 처한 학문적 혼란은 충분히 예방할 수 있다.

교육계는 상당히 어지럽다. 교사는 단지 전문기관을 수료한 졸업생일 뿐이다. 가르치는 과목에 무지하다. 그들에게 배운 어린 학생들이 혼란을 겪는 것은 당연한 결과이다. 그리스어를 가르치는 교사는 그리스어뿐 아니라 그리스 문화, 역사, 철학에 정통해야 한다.

이런 변화를 이끌어갈 주역은 최고 학문기관인 대학이다. 대학이 돈이 되는 학과에만 투자하는 구태에서 벗어나기를 바란다. 정부의 예산에 기대어 학생들을 강제로 편입시키고, 학문의 자유를 박탈하고, 함부로 그들의 미래를 결정지어버리는 오만한 권위를 내려놓기 바란다. 학문은 지금 당장 돈이 안 되더라도 그 연구에 진심이 담겨 있다면 언젠가는 지식의 길에서 빛을 발하게 된다. 학문의 상대적인 위상은 대학의 자의에 의해서가 아닌 다가올 역사를 통해 검증되는 것이다. 세상의 판단에 맡겨야 된다는 이야기이다. 대학의 역할은 정부와 손잡고 학문에 순위를 매겨 등수를 차별하는 데 있지 않고

젊은 학생들이 인류의 미래를 고민하며 자신의 전
공 분야에서 충분히 역량을 발휘할 수 있도록 지원
하는 데 있음을 명심해야 한다.

좋은 기억력은 많은 것을 기억하는 것이 아니다

'가련한 기억력'의 소유자라서 슬프다는 이의 편지를 받은 적이 있다. 솔직히 웃음이 났다. 그 표현이 재미있어서다. 내가 위로의 편지라도 써주기를 바라는 건가? 기대에 어긋나게도 위로의 편지 대신 축복의 편지를 쓰고 싶다. 그럴 만한 이유가 있다. 그가 말하는 그 '가련한 기억력'의 진짜 정체는 기억해야 될 것은 기억하고, 잊어야 할 것은 잊는 '소중한 기억력'이기 때문이다. 그는 소위 말하는 '선택 기억'의 은혜를 받고 있는 사람이다.

책을 읽을 때마다, 혹은 날마다의 생활 속에서 우리들은 방대한, 마치 산더미 같은 사실과 직면한다. 이때는 가능한 한 혼란을 억제하는 것이 중요하다. 그런 점에서 그의 그 독특한 기억력은 큰 도움이 된다. 흥미로운 것과 재미없는 것을 무의식중에 구별하여 흥미가 없는 내용들은 재빨리 잊어버릴 수 있는 능력이 머릿속에 주어졌기 때문이다.

우리가 어떤 사건, 사물에 흥미를 보이는 까닭은 그것이 우리 삶에서 꽤 중요한 의미를 지니고 있기 때문이다. 즉 사소한 일에도 흥미를 보이는 사람은 자신의 삶에 의미를 부여할 줄 아는 지혜로운 사람이다. 다른 의미로 인생을 진정으로 사랑하는 열정적인 사람이다.

나의 의견은 어디까지나 지적인 관점에서 하는 말이며, 그의 타고난 두뇌구조를 인정하고 있다. 그는 내 관점에서 틀림없이 지적인 사람이다. 나를 흥미롭게 만드는 자극은 단적으로 말해 내가 중요하게 생각하는 지적인 환경에서만 가능하다. 물질적인 의미는 우리에게 그다지 중요치 않다. 이를테면 그는 법률을 공부하고 싶다고 말했지만, 그건 금전적 의미에서 중요할 뿐이다. 그의 정신을 그냥 방치해둔다면 법률 따위에 거의, 아니 전혀 흥미를 보이지 않고 식물학에 관심을 갖고 열중하게 될 것이다.

젊은 날의 괴테는 관심을 끄는 모든 것들에 정열을 기울였다. 자신을 매료시키는 새로운 자극에 적극적으로 반응했고 다양한 연구에 몰두했다. 괴테의 눈부신 습득능력은 자제력을 갖춘 위대한 지성의 소유자가 갖가지 토양에 뿌리내려 그 땅에서 수액을 흡수해가는 과정을 보여준다.

괴테도 한때는 법학도였음을 우리는 기억한다. 법률을 공부하는 학생으로서 괴테는 그리 좋은 학생이 아니었다. 부모와 교사를 만족시키는 모범생은 아니었다. 그는 전공인 법률을 지루하게 여겼다.

대신 전공 이외의 과목에 폭넓은 관심을 보였다. 덕분에 풍부한 교양을 갖출 수 있었다. 그의 정신이 획득한 풍요로운 지식은 "누구든지 자신이 이익을 찾고자 하는 곳에서 그것을 얻을 수 있다."라는 프랑스 법치주의의 원리에 따라 자기 지성이 가고자 하는 방향으로 자유롭게 나아간 데 따른 성과였다. 자유와 자제력이 괴테를 인도했고, 그는 정신의 혈육이 되는 모든 분야를 섭렵할 수 있었다.

가령 괴테가 흥미도 없는 법률 공부에 전적으로 얽매여 있었다면 어떻게 되었을까? 그가 정신적으로 빈약한 법학도였다면 그의 광대한 잠재력은 빛을 발하지 못했을 것이다. 그 엄청난 천재성이 세계의 주목을 끄는 일은 일어나지 않았을 게 분명하다.

자신의 정신적 양식은 스스로 찾아내야 한다. 지식은 음식과 같아서 먹고 싶은 것, 궁금한 것, 내 입에 맞는 것을 탐하는 건 잘못이 아니다. 오히려 타

인으로부터 억지로 머리에 주입된 지식이 우리 삶에서 탈을 일으킨다. 스스로 기억력이 나쁘다고 생각하는 것은 일종의 배탈 같은 것이다. 억지로 주입된 지식에 혐오감을 느끼는 것이다. 뇌는 원치 않는 지식을 망각하기로 결심한다. 이를 두고 나는 머리가 나쁘다, 내 기억력에는 문제가 있다, 라고 착각하는 건 아닌가.

그런데 이런 나쁜 기억력이 가끔 최상의 기억력을 발휘하게 될 때가 있다. 사물을 식별해서 기억할 때이다. 다른 말로 '선택 기억'이다. 선택 기억으로는 시험에서 눈부신 성적을 거두기가 좀처럼 쉽지 않다. 선택 기억은 편식과 비슷해서 먹고 싶은 것, 즉 관심이 있는 것, 흥미로운 것만 기억하고 싶다는 의도이기 때문이다. 대신 문학과 미술에서는 발군의 힘을 발휘한다. 그것은 상자나 서랍처럼 안에 집어넣을 수 있는 것은 무엇이든 삼켜버린다. 엄청난 집중력으로 사소한 변화를 정확히 짚어내 기억해버린다. 문학과 미술이 필요로 하는 기억력은 방대한 양을 무작위로 쌓아두는 우체국 같은 역할이 아니다. 자신의 지적 사명에 부합되지 않는 일체의 것들을 게재하지 않겠다고 버티는 고집스런 편집장을 닮아야 한다.

어느 유명한 작가가 나에게 이렇게 충고했다.

"메모는 될 수 있는 대로 많이 해두세요. 하지만 실제로 그것을 쓰는 단계가 되면 메모를 보지 마세요. 기억에 남아 있는 걸 끄집어내야 합니다. 메모는 과연 이 장면이 내 머릿속에 남을 만큼 인상적인지를 시험하는 단계에 불과해요. 당신이 메모한 것이 정말 중요한 가치가 있다면 그걸 꺼내보지 않더라도 필요할 때 기억날 테니까요. 그러니 잊어버렸다고 아쉬워해서는 안 됩니다. 기억할 가치가 없었기 때문에 잊어버린 거라고 생각하면 편합니다. 잊어버린 게 많다는 건 그만큼 지워야 될 것들을 미리 삭제한 것이에요. 수고를 덜게 되어 다행이라고 여기십시오."

이 충고가 모든 저술가에게 해당된다고는 말하지 않겠다. 저술가라면 당연히 메모해두는 습관을 길러야 한다. 또 상황에 따라서는 메모를 뒤적이며 기억을 확인해야 한다. 다만 문학적 측면에서, 혹은 예술적 발상에서 그분의 충고는 고려해둘 가치가 있다고 생각된다. 자연을 목전에 두고 그림을 그린다고 가정해보라. 우리는 각자의 기호에 따라 자연이 보여주는 모습들 중 일부를 확대 해석한다. 저 드넓은 산맥과 초원과 호수를 좁은 캔버스로 완벽하게 옮긴다는 건 불가능하기 때문이다. 자연이 보여주는 갖가지 얼굴과 표정들 가운데 인상에 짙게 남은 단 하나의 표정과 얼굴을 우리는 표현한다. 그것이 예술이다. 이를 결정짓는 것이 바로 기억이다. 우리는 본 것을 모두 기억하지 못한다. 들은 이야기를 전부 기억해내지 못한다. 가장 인상 깊은 하나의 장면을 기억해낼 뿐이다. 선택이다. 그 선택에 따라 기억에 남아 있는 대상이 생략되거나 과장된다. 완전히 지워지는 부분도 있고, 원래 모습과 달리 부풀려지는 경우도 있다. 이런 식으로 생략하고 과장하는 데 화가가 자책하게 된다면 어떨까. 그는 화가로서의 자격이 없다. 자신이 화가라는 것을 스스로 책망하고 있기 때문이다.

합리적인 기억법은 자연과학에서 널리 응용되고 있다. 우리들이 해부학과 식물학을 기억할 수 있는 것은 그것들이 가르쳐주는 무수한 사실들이 자연의 구성 질서에 따라 배열되어 있기 때문이며, 우리는 그 질서를 기억해둠으로써 필요할 때마다 사실을 추적해 조립할 수 있다. 여기서 중요한 건 '합리적'인 것이 언제나 '합리적'인 결과를 가져오는 것은 아니라는 점이다. 과학과 수학은 '합리적'일수록 좋은 결과가 얻어지지만, 예술과 예술을 닮은 인생의 여러 장면들은 때론 중요한 인상만 '선택'해서 간직하는 불평등과 불합리를 통해 아름다워지기도 한다.

인생은 해부학이 아니다. 해부학적 구조로 삶의 순서를 구별 짓겠다고 시도하는 것은 어리석은 오만이다. 물론 지식은 다르다. 우리가 인체를 해부하기 전에 개구리를 해부하는 이유는 해부학이라는 순서와 과정에서 인간과 개구리가 크게 다르지 않기 때문이다. 배를 가르고 피를 닦고 내장을 들춰보는 일련의 과정은 동물 해부학에서는 공통된 특징이다. 언어도 그렇다. 언어학의 구조는 크게 다르지 않다. 영어, 프랑스어, 중국어 등등 수많은 언어체계가 비슷한 구조를 형성하고 있다. 언어학적 구조를 기억해둔다면 다른 나라 말을 새롭게 배울 때 도움이 된다. 이는 분명 합리적 기억이며, 지적인 삶을 꿈꾸는 우리들에게 반드시 필요한 기능이다.

좋은 기억력이란 많은 것을 기억하는 게 아니다. 선택 기억이든, 합리적 기억이든 본질은 '연계'이다. 관련이 있는 것들 사이에서 개인의 연상력이 작용하고, 머릿속에 하나의 질서가 새롭게 생성되는 창의성이 핵심이다. 지성의 올바른 작용과 조화는 기억을 기반으로 하고 있다. 기억력은 연마할수록 확장된다. 제대로 된 연마법을 익힌다면 누구든지 남보다 뛰어난 기억력을 자랑할 수 있다. 기억력은 그런 의미에서 일종의 지적 근력이라고 말할 수 있을 것 같다.

인류 역사상 뛰어난 지성인들을 관찰해보라. 그
들의 예리한 지성은 모두 훌륭한 기억력을 토대로
성장했음을 알게 된다. 그들은 스스로 진실이라고
확신하게 된 것들을 뇌리에 영원히 새겨넣었다. 단
순히 암기만 하고 그친 게 아니다. 그 진실에 자신
의 삶을 '연계'시켜 새로운 질서를 합리적으로 생
산해냈다. 중요한 건 그들이 잊어버릴 줄도 알았다
는 점이다. 망각을 겁내는 일은 없었다. 기억되지
않는 것에 굳이 의미를 부여하고 되찾으려 발버둥
치지 않았다는 뜻이다. 왜냐하면 그들에겐 아홉 개
를 잊어버려도 자신의 지적인 생활이 투영된 하나
의 가치관이, 진실이, 목적이 기억되고 있었기 때문
이다.

지적 충만감은 빈부와 무관하다

가난이 지적 생활을 방해하지 않는다고는 말하지 않겠다. 사실 가난은 큰 장애물이다. 온갖 장애 중에서도 가장 골치 아픈 장애물 중 하나이다. 가난하게 살아온 인물이 지적으로 명성을 떨치게 되는 경우도 종종 있기는 하지만, 이 경우 강력한 의지, 일반인이 감내할 수 없는 고통에 대한 인내, 음식과 잠자리와 과로에 구애받지 않는 타고난 건강, 보통 사람이라면 하루 종일 외워야 되는 방대한 지식을 한 시간 만에 암기해내는 뛰어난 두뇌 등이 갖춰져야 한다.

이처럼 특별한 사람이 아닌 평범한 일반인이라면 어떻게 될까. 영국의 국회를 살펴보겠다. 상·하원으로 구성된 영국의 국회는 투표를 통해 선출된다. 그리고 대부분 부자이다. 의원 중에 가난한 사람은 없다. 가난이라는 혹독한 현실과 싸워나가는 국회의원은 한 사람도 없다는 이야기이다.

그들은 부자이면서 동시에 높은 교양을 갖추고 있다. 학벌도 좋다. 당연한 이치이다. 부유한 가정에서 태어난 그들은 부모의 후원을 받아 값비싼 고등교육의 혜택을 누렸다. 그들에게 정치를 맡기게 되는 것은 선택이 아닌 필연인 셈이다.

가난한 사람들이 받을 수 있는 교육에는 한계가 있다. 가난한 사람들에겐 기회가 충분히 돌아가지 않는다. 차별이라고 여길 수도 있다. 부당하다고 생각될 때도 있다. 그들은 지식을 습득할 수 있는 기회에서 소외되었고, 그래서 지식이 요구되는 경험에서 제외되었다. 인생의 중요한 문제, 사회적 판단의 기로에서 냉정하게 행동하지 못한다. 그 모든 손해가 축적되어 가난한 삶이 연장된다.

세상에는 밤낮으로 육체노동에 나서야만 그날의 양식을 취할 수 있는 사람들이 더 많다. 다수를 차지하고 있는 그들은 자기보다 지식에 노출되는 빈도가 높은 부자에게 정치를 맡겨버린다. 사회적 판단을 맡겨버린다. 그것이 당연하다고 생각한다. 먹고사는 데 머리와 몸을 바쳐야 되는 자기들에 비해

부자는 그만큼 남아도는 시간이 많기 때문이라고 서슴없이 말한다.

　나는 여기에 반박할 말이 없다. 부유한 사람은 그렇지 못한 사람보다 이른바 지적인 사고력이 뛰어나다. 그렇다고 부자들이 전부 지적으로 뛰어난 것은 아니다. 단지 부담 없이 지적 생활을 누릴 수 있는 환경에 처해 있으므로 그렇지 못한 가난한 사람들에 비해 지적으로 높은 교양을 쌓을 수 있는 기회가 지속적으로 주어진다는 것을 말하려는 것이다. 명문 학교를 나오고, 훌륭한 수업을 받은 부자라 하더라도 지성에 대한 관심이 적어 무지하게 살아가는 이들도 적지 않다. 다만 돈이라는 것은 사람을 자유롭게 만들어준다.

　현실에서 돈은 지성의 토양과 같다. 토양이 충분하고 물을 넘치게 흘려주면 싹은 저절로 피어난다. 그 이점을 무시할 수 없다는 게 슬퍼질 따름이다. 토양이 메말라 모래와 같은 곳에 씨를 뿌려봐야 싹이 틀 리 없다. 사상도 현실의 일부이다. 자본이 다스리는 현실 사회에서 돈이라는 토양을 거부하고 살아갈 수는 없다. 지적 생활도 별반 다를 게 없다.

　유럽에서 가장 돈을 많이 쓰는 계급은 귀족이며, 그 다음은 중산층인 신사계급이다. 신사계급은 일반적으로 교양이 높은 편이다. 유럽에서 가장 빈약한 계층은 프랑스 농민들로 무지와 지적 무관심이 이들 계급의 특징이다. 영국의 신사들은 독서와 여행을 취미로 삼는 것이 의무처럼 되어있다. 이를 통해 지적 수준을 연마해왔다. 반면에 프랑스 농민들은 시장과 술집 거리를 떠돌기 위한 목적 외에는 외출하지 않는다. 책을 사고 밤에 잠들기 전 그것을 읽는 건 사치라고 생각한다. 왜냐하면 아까운 양초에 불을 붙여야 하기 때문이다.

영국의 신사계급과 프랑스 농민계급 사이에는 다양한 중류계급이 자리하고 있다. 그들 중에서도 물질적으로 좀 더 부유한 사람들이 지적인 생활에 나서고 있다. 그렇다고 예외가 없는 것은 아니다. 막대한 돈을 쓰면서도 지적으로 조금도 발전하지 못하는 부류가 있다. 교양을 갖추지 못한 이들 부자들은 사치에 빠져 살아간다는 특색을 보여준다. 육체적 쾌락과 불쾌한 신경과민이 그들의 자랑거리이다. 여가에 그들은 먹고 마시고 즐기는 것 외에는 생각하지 않는다. 집중력이 떨어지고 별 것 아닌 일에도 정신이 산만해져 여행을 다녀와도 불쾌한 피로감과 낯선 타국에서 언어가 통하지 않아 느꼈던 불편함 외에는 가슴속에 남는 것이 없다. 그럼에도 이들 대부분은 조상 대대로 내려오는 재산을 물려받아 살아가는 데 많은 특권을 누리고 있다. 훌륭한 업적을 남긴 귀족들, 자수성가한 신사들, 지식인과 예술가처럼 존경받아 마땅한 사람들이 누리고 있는 특권들을 아무렇지 않게 낭비하고 있는 것이다. 세상은 어쩔 수 없이 연간 400파운드를 벌어들이는 가정보다 연간 4000파운드를 벌어들이는 가정에게 지적인 특권을 베풀어준다.

내가 이 사실을 당연하게 받아들인다고 착각하지는 말라. 현실을 인정하는 것뿐이다. 부자들을 비난하려는 것도 아니다. 역사를 돌이켜봤을 때 부자는 항상 소수였다. 그것은 필연이었다. 나로서는 가능하면 모든 사람들이 교양을 누리게 되기를 바랄 뿐이다.

워즈워스의 드높은 이상을 떠올려보자. 생활은 검소하게, 사상은 고귀하게…. 워즈워스의 이상은 고단한 삶의 단면들 사이에서 방황하는 우리에게 큰 위로를 안긴다. 워즈워스와 달리 우리는 강제적으로 검소한 삶을 강요당했다고 볼 수 있겠지만, 인생을 살아가면서 겪게 되는 아픔들을 숭고하게 바라본다면 우리는 빈곤 속에서도 지적인 충만을 추구해나간다는 이상을 실현하게 될지도 모른다. 노동이 우리가 태어난 이유의 전부가 아님을 깨닫게 되는 날이 도래한다면 빈곤은 정신을 소멸시키는 질병에서 해방될 것이다. 원한다면, 그리고 갈급하다면 우리는 지적인 생활을 위해 여가라는 시간을 마련하게 된다.

매일같이 열심히 공부한다고 해서 지적인 삶을 살아가고 있다는 뜻은 아니다. 오히려 지적인 삶과는 거리가 먼 지식노동에 회의감을 느껴 교양으로부터 멀어지는 경우도 많다. 지식을 활용하는 기술만 늘어나는 것이다. 지성과 교양의 궁극적 목표인 개인의 완성과 성취감, 행복은 사라지고 오직 지식이 재물로 변환되는 물질적 성과에 급급하게 되어 지식인임에도 지성인이 되지 못하는 사람도 우리 주변에는 많다.

반대로 가난으로 많이 배우지는 못했어도 최소한의 지식에서 인생에 꼭 필요한 주관적 가치관을 발견하고 이를 실천함으로써 풍파와 시련에 굴하지 않는 강인한 정신력을 갖추게 된 사람도 많다.

교양을 추구하는 가난한 이에게 진심으로 전하고 싶은 말이 있다. 일종의 스파르타식 격려가 될지도 모르겠지만, 당신은 가난 때문에 부자유를 느끼고 있다. 지적인 관점에서 봤을 때 그 부자유가 반드시 나쁜 것만은 아니다. 유복한 사람은 지적 능력이 있더라도 마음이 동하게 되는 대상이 너무 많게 돼 모처럼 축적한 능력이 분산됨으로써 별로 도움되지 않는 경우가 많다.

당신에게 세상은 박식해질 것을 요구하지 않는
다. 당신이 가난하다는 것을 알고 있기 때문이다.
이것은 대단히 감사한 일이다. 가난에도 불구하고
훗날 성공한 사람들은 한결같이 자신이 배워야 될
것들에 대해 주위 의견에 휘둘리는 일이 없었다. 이
것이 매우 큰 행운으로 작용했다. 결국은 겉치레에
불과함에도 박식한 척하려고 주위 의견에 영합하기
시작하면 귀중한 시간을 희생당한다. 아니, 뿐만 아
니라 자기 속에서 솟아나는 흥미도 어느새 사라져
버린다. 당신은 자기 안에서 저절로 생성된 순수하
고 활기 넘치는 흥미를 소중히 여길 수 있다. 왜냐
하면 가난하기 때문이다. 당신에게 그것밖에 없기
때문이다. 이를 상실해서는 안 된다. 인생은 순수한
흥미에 반응한다. 그 반응이 우리를 보다 높은 곳으
로 인도한다.

부자들은 당신보다 교양을 익힐 기회가 많다. 이
특권이 부당하게 느껴질지도 모른다. 하지만 겉
보기와 실상이 항상 동일하지는 않다. 이 세계는 평
등이라는 위대한 법칙의 작용에서 자유롭지 못하다
는 것을 잊어서는 안 된다.

요컨대 인간은 누구나 한계를 안고 있다. 부자는
호화로운 진수성찬이 차려진 연회석에 앉아 있지
만, 그가 먹고 마셔서 소화할 수 있는 양에는 한계

가 있다. 그들 앞에 펼쳐진 호화로운 지식의 만찬도 다를 바 없다. 습득할 수 있는 능력에 한계가 있다. 모든 지식을 섭렵하지는 못한다. 이를 알게 되어 실망한 나머지 아무것도 익히지 않고 포기해버리는 부자도 많다.

그런데 가난한 학생이라면 다르다. 그에겐 한 명, 한 명의 작가가 쓴 책이 너무나 귀중하다. 정독하게 되고 급기야는 문장 전체를 외워버린다. 오롯이 자기 것으로 만들어버리는 특권을 누리게 된다.

과거의 나는 기회의 중요성을 믿었다. 기회가 주어져야 노력이 가능하다고 생각했다. 헌데 이 나이가 되어보니 정말로 간절한 것은 시간과 건강이다. 시간과 건강이 허락하는 한, 기회는 쉬지 않고 찾아온다. 우리를 찾아오지 않더라도 내가 찾아낼 수 있다. 부자는 돈만 있으면 무엇이든 해결할 수 있다는 생각에 무작정 헛된 돈을 쏟아붓는다. 그들이 위대한 문학전집을 구입해 서재를 가득 채워넣더라도 읽지 않고서는 소용이 없다. 감동을 받지 못한다면 시간낭비이다. 지적인 광명은 햇볕과 같아서 실은 우리 모두에게 공평히 주어지고 있다. 백 권의 책을 읽어도 기쁨을 느끼지 못하는 부자가 있는가 하면 한 권의 책을 어렵사리 구해 읽고는 죽을 때까지 그 감동을 가슴에 품고 살아가는 빈자(貧者)도 있다.

내 친구 중에 부자가 있다. 그는 1년에 반을 여행하는 데 소진한다. 책도 많이 읽고, 값비싼 미술품을 구매해 거실을 장식한다. 그렇다고 그와 나의 1년을 비교했을 때 그의 삶이 나보다 더 지적으로 향상되어 있다고는 생각하지 않는다. 나는 그를 부러워하지 않는다. 나는 한 권의 책에서 삶의 진솔한 의미를 간파해내고, 집 근처 거리에서 살아 있는 자들의 온기에 감동한다. 나는 현재의 내 삶에 매우 만족하고 있다. 나의 삶에 스스로 충실하다면 타인과의 비교는 무의미하다. 그는 그 나름대로 충실히 살아가고 있으며, 나는 내가 누릴 수 있는 범위 내에서 지적인 삶을 누리고 있을 뿐이다.

그는 페테르부르크를 여행하고 돌아왔다. 나는 가보지 못한 곳이다. 색다른 풍경과 사람들, 언어, 기후와 풍토가 그의 지성을 자극했을 것이다. 나는 우리 집에서 조금 멀리 떨어진 다른 도시를 찾아갔다. 그곳에도 색다른 풍경과 낯선 사람들과 내가 공들여 가꾼 정원과는 다른 논밭이 펼쳐져 있었다. 그 색다름이 나를 자극했다. 내 생각의 경지를 조금은 넓혀주었다.

당신이 위대한 문학가가 일생을 바쳐 완성시킨 고전을 탐독하며 난해한 문장에 절망하고, 또 듣고 싶었던 감격스런 한 구절에 기뻐하는 것은 대부호

로스차일드가 자신의 금고에 황금을 채워넣으며 느끼는 감정과 조금도 다를 게 없다. 아니, 당신이 로스차일드보다 더 훌륭한 시간을 보내고 있는 것이다.

신문을 읽어야 하는 이유

더 이상 신문을 읽지 않겠다는 이들의 결단을 존중한다. 그러나 그러한 결단이 그리 새로운 시도로 보이지는 않는다. 꽤 오래 전부터 그런 결단을 내린 사람들을 지켜보고 있었다. 그들은 신문을 읽지 않겠다는 이유로 우리가 살고 있는 세상에 대한 세속적인 관심을 끊기 위해서라고 말한다. 나는 그들이 얼마나 지적인 사람인지 잘 알고 있다. 선천적인 지성을 갖췄다는 것도 알고 있다. 그렇기 때문에 손해 보는 것도 있겠지만, 뭔가 새롭게 얻어지는 것도 있을 것이다. 매일 아침 신문을 읽는 데 허비한 시간이 어림잡아 1년에 500시간은 되지 않을까? 그 귀중한 시간에 돈이 될 만한 일을 하거나, 다른 중요한 목적을 이룬다면 인생은 더욱 풍요로워질 것이다. 지적인 사람이라면 특히 그 시간에 신문 대신 다른 책을 읽음으로써 시간도 절약하고, 동시에 더 훌륭한 지적 감각을 유지할 수 있게 될 것이다. 신문을 포기한다면 우리 인생에는 시간이라는 귀중한 보물이 차곡차곡 쌓이게 될지도 모른다. 이제 우리 앞에 새롭게 주어진 500시간을 활용해서 몰랐던 사실에 눈을 뜰 수도 있고, 외국어를 더 열심히 공부할 수도 있고, 기도와 명상으로 지나간 세월을 반성해볼 수도 있다. 무엇을 하든 소중한 결과를 얻게 될 것이다. 마치 손질이 잘 된 포도농장처럼 하루의 귀한 때를 알차고 풍요롭게 가꾸는 첫걸음이 되어줄지도 모르겠다. 혹은 읽고 싶었지만 시간이 없어 미뤄뒀던 위대한 작품들을 곁에 두고 충분히 즐길 수 있게 될지도 모른다.

부지런한 사람이라면 신문을 포기해도 무엇인가 얻는 것이 있다. 그렇다면 신문을 포기함으로써 잃어버리는 것은 무엇일까. 우리의 삶에서 신문은 소일거리에 불과하다. 우리는 신문이 아니더라도 충분히 교양을 쌓을 수 있는 지적인 생활을 영위하고 있으며, 기삿거리에서 새로운 지식을 얻는 경우는 매우 드물다. 무엇보다 신문기사는 2, 3개월 후에 일어날 어떤 일에 대한 추측보도가 대부분이다. 즉

2, 3개월만 기다리면 누구나 그 사건의 내막과 결과를 알게 된다. 이처럼 단순보도를 읽기 위해 하루 중 귀한 시간을 허비한다는 것은 어찌 보면 낭비이다. 주목을 끌 만한 소재를 기사로 만들어 흥미를 자극할 뿐, 사실 항구적인 중요성 같은 건 찾아보기 힘들다.

영국이나 미국처럼 신문이 발달한 나라에서는 반년 후엔 아무도 기억하지 못할 사건들이 며칠씩 장황하게 신문을 장식한다. 이에 덧붙여 센세이셔널한 기사들로 독자의 일시적인 주목과 관심에 목을 맨다. 지적 생활에서 신문의 최대 결점은 항상 색다른 것만 중요하게 다루고 있다는 점이다. 지적인 관점에서 봤을 때 2200년 전 아리스토텔레스가 무슨 생각을 했는지, 지난밤에 찰스 다윈이 어디를 다녀왔는지는 그리 중요한 사건이 아니다. 언제 발견했는가는 사건의 핵심이 아니다. 그 같은 진실에 우리의 마음이 어떻게 반응하느냐가 더욱 중요하다. 헌데 신문은 이를 채워주지 못한다. 색다른 사실을 신문이 강조할수록 사건의 올바른 관계는 잘못 전달된다. 랜턴은 빛의 콘트라스트로 배경을 어둠 속에 가라앉혔기 때문에 가장 가까운 곳밖에 비추지 못한다. 그렇듯이 신문은 사실관계에 지나치게 주목한 나머지 사건의 진위가 잘못 전달될 뿐 아

니라 파렴치한 당파적 관점에 의해 사실이 왜곡되는 경우도 많다. 이 같은 사실왜곡은 국내 문제로 그치지 않고 멀리 외국과의 국교에까지 영향을 미친다. 프랑스 신문은 영국에서 있었던 사건을 왜곡해서 보도하고, 영국 신문은 프랑스에 대해 같은 기사를 쓴다.

공정한 관점을 구하는 사람은 편향된 신문을 읽으면서 초조함을 느낀다. 신문사가 어느 쪽 입장을 취하고 있는지는 잘못이 아니다. 논쟁에는 편견과 주장이 있기 마련이다. 동일한 사건임에도 각자의 위치에 따라 얼마든지 다른 판단을 내릴 수 있다. 문제는 그것이 신문일 경우 우리는 신문을 읽음으로써 진실을 파악하게 되는 것이 아니라 신문사가 보고 있는 지극히 주관적인 '사실'을 접하게 된다는 점이다. 지성을 유지하는 데 논쟁적인 저작물은 피하는 것이 상책이다. 누군가는 더 이상 신문을 읽지 않겠다고 말했다. 시간을 절약해줌과 더불어 지성에 평안을 가져온다는 점에서 틀림없이 얻는 게 있을 것이다. 일반인이라면 신문을 읽는다고 지성에 금이 가거나 문제가 생기지는 않는다. 왜냐하면 일반인은 자신의 논조와 같은 기사를 쓰는 신문을 골라서 읽기 때문이다. 그렇기 때문에 대다수 사람들은 자신이 읽고 있는 신문의 편향성에 의문을 품지 않는다. 그들이 현재 읽고 있는 신문을 선택한 배경이 바로 그 신문사의 편향성에 있기 때문이다. 하지만 지성을 갖춘 사람들은 다르다. 지성인은 타인의 편향뿐 아니라 자신의 편향도 용납하지 못한다. 지성인에게 편향성은 고통이자 수치이다. 왜곡된 시선은 절망이다.

신문을 읽지 않겠다고 선포한 이들의 말 뒤에 이런 생각들이 있지 않았을까, 생각해보았다. 신문을 읽으면 적잖은 시간을 허비하게 된다는 것, 지적인 연구에 그다지 도움이 되지 못한다는 것, 특별한 사건을 좋아하는 신문의 특성에 자극받고 싶지 않다는 것, 균형을 상실한 견해에 노출되고 싶지 않다는 것, 자신이 소속된 당파의 편견을 강요한다는 것에서 벗어나고 싶다는 것에 어느 정도 동의한다. 그리고 다음과 같은 말을 덧붙이고 싶다. 신문기자들이 유독 정치에 관심이 많다는 점이다. 정치학이라면 또 모르겠는데, 일개 정치인의 일거수일투족을 따라다니는 습성이 너무 천박해 보인다는 것. 그로 인해 지적, 문화적인 욕구는 한쪽 구석으로 쫓겨나고 만다. 국회의원 선거가 사상의 탄생보다도 중요하게 다뤄진다는 데서 상처를 받는다. 여기까지 살펴본 바로는 확실히 지적 생활에 신문은 꼭 필요한 존재는 아니다.

하지만 이 모든 단점을 고려해보더라도 내 눈에는 그들의 결심이 현명해보이지 않는다. 나아가 그들의 결심이 오래지 않아 번복되리라고 감히 예상해본다. 지금까지 살펴본 단점을 모두 고려하더라도 한 가지 중대한 이유 때문에 우리는 신문을 찾게 될 것이다. 신문은 문명화된 세계에서 그날그날 가족끼리 주고받는 대화와 비슷하다. 신문이 있기에 우리는 매일 서로에게 관심을 가질 수 있고, 불길한 고독에 빠지지 않게 된다. 인류의 일원으로서 생활하고, 돕고, 사상과 미래를 서로 나누기 위해서는 필연적으로 신문을 읽어야 한다. 왜 프랑스 농민들은 발전한 현대세계의 끝자락에 있을까. 그들이 신문을 읽지 않기 때문이다. 프랑스의 14배나 되는 넓은 토지에 흩어져 살면서도 미국 국민들은 어째서 지금과 같은 통일된 정치적 행동을 추구할 수 있게 되었을까? 미국의 지방 농민들은 시류에 뒤떨어지지 않는다. 그들은 모든 종류의 발견에 흥미를 보이고, 그중에서도 가장 도움이 되는 것을 택해 이용한다. 그 힘은 신문이다. 미국 전역에 신문이 유포되고 있기 때문이다. 대초원과 숲속, 마을에서 멀리 떨어진 외지 사람들조차 전신과 신문을 통해 세상 돌아가는 일을 보고 듣는다.

특정계층 사람들이 신문을 보지 않고 지냈을 때

어떤 결과가 나타나는지 우리는 지켜봤다. 신문을 읽지 않는 프랑스 농민의 비참한 삶에 대해 그들은 잘 알고 있을 것이다.

실제로 교양 있는 계층에서도 개인적으로 신문을 읽지 않겠다고 결심한 사람이 있다. 그의 이름은 콩트이다. 그는 술을 끊듯이 어느 날 갑자기 신문을 끊었다. 콩트라는 사람에겐 천재적인 재능이 있었다. 그에겐 추상적인 지적 개념과 46시간 연속으로 어떤 문제에 몰두할 수 있는 능력이 주어졌다. 덧붙여서 콩트에겐 그의 재능을 완전히 성장시켜 유지하는 데 필요한 본능도 주어졌다. 콩트는 자신의 재능을 믿고 일반인과 대화하는 것을 포기했다. 일반인과의 교제가 그의 능력에 해가 된다고 생각한 것이다. 같은 이유로 콩트는 신문을 읽지 않았다.

유능한 보석세공사는 손끝의 섬세한 기술을 유지하기 위해 여간해서는 손을 쓰지 않는다. 콩트도 이와 비슷하게 행동한 셈이다. 그러나 둘 사이에는 큰 차이점이 있었다. 보석세공사는 그런 습관을 지키더라도 일상에 위험한 일이 벌어지지 않는다. 몇 가지 도락에 빠지지 않도록 스스로를 자제하기만 하면 된다. 손가락을 쓰지 않고도 건강을 유지하는 방법은 많다. 자신의 기량을 완벽하게 유지하기 위해 습관을 정해놓고 지키는 것은 예술가가 아니더라도 얼마든지 그 예를 찾아볼 수 있다. 정신의 평온함을 유지하기 위해서는 이런 습관이 필요하다. 물론 잃는 것도 있다. 인생의 사소한 즐거움이 그중 하나이다.

그런데 콩트가 자신에게 부여한 습관에는 커다란 위험이 따른다. 일반인의 관심사와 사고방식에서 자신을 분리시킨 콩트는 자기만의 실증철학을 완성시켰는데, 그 후로 콩트는 기묘한 지적 퇴폐에 빠져버리고 말았다. 아마도 가끔 신문을 읽었더라면 상식에 위배되는 그런 일은 겪지 않았을 것이다. 그는 신비사상에 사로잡혔고, 뭐가 뭔지 알 수 없는 종교를 만들어냈다. 나는 그가 신문을 읽었더라면 이렇게 되지 않았을 것이라고 생각한다. 〈타임즈〉 〈데일리뉴스〉의 정기구독자라면 콩트가 주창한 삼위일체의 신, 성모에 대한 이상한 주장 등은 절대로 받아들이는 일이 없을 것이다. 콩트가 말한 삼위일체의 신이란 크나큰 존재자(인류)와 크나큰 물질(지구), 그리고 크나큰 중간자(우주)로 이루어진다. 또 여성은 궁극적으로 남성의 생식력을 빌리지 않고 어머니가 되는 것이 인류의 희망이라고 주장했다. 이런 개념은 현대인의 상식에서 크게 동떨어져 있을 뿐만 아니라 종교계에서도 받아들이기 힘든 주장이다. 서로 지식을 교환하는 현대인이라면 절대로 이런 생각을 하지 않았을 것이다.

"매일 신문을 읽는 시간에 차라리 일류 작가의 작품을 읽어보는 게 어떤가."라고 에머슨이 충고했지만, 나라면 '신문은 잃는 것보다 얻는 게 더 많다'고 대답했을 것 같다.

역사적 사건 앞에서 저널리스트의 역할은 탐험가 덕분에 지도 제작이 수월해진 것과 비교할 수 있다. 그들은 지적으로 완벽한 지도를 제작해서 우리에게 던져주지는 못해도, 우리 각자가 자신만의 지적인 길을 걸어가는 데 힌트를 제공해줄 수는 있다. 저널리스트라는 직업은 시류에 부합해 흐르는 불완전한 역할이지만, 그들의 가치는 사건을 직접 목격했다는 생생한 기록에 있다. 우리는 신문을 통해 세계에서 펼쳐지고 있는 힘찬 드라마의 관객이 된다. 이런 일은 현대사회에서나 가능한 발전이다. 특파원들이 있기에 우리는 세계 곳곳에서 벌어지고 있는 여러 사건들을 눈앞에서 볼 수 있다. 어찌 보면 그들이야말로 이 시대의 영웅이다. 제 발로 위험에 뛰어들어 최악의 조건에서 기사를 쓴다. 그렇게 완성된 기사를 전 세계 사람들이 함께 읽는다. 신문이 있기에 우리는 개인의 삶은 물론이고 공공의 삶까지 누릴 수 있게 되었다. 종군기자들이 생명을 바쳤기에 우리는 전쟁의 폭력성을 알게 되었고, 스탠리라는 탐험기자가 아니었다면 아프리카에서 실종된 리빙스턴을 찾지 못했을 것이다.

요즘 내가 관심 있게 읽고 있는 기사는 바티칸의 세속적인 면에 대한 고발기사인데, 로마에 관한 그 어떤 역사서보다 더 재미있다. 만약 신문을 경멸한다면 이처럼 유익한 읽을거리를 잃어버리게 된다. 대신 재미없는 역사서를 찾게 될 것이다. 역사서를 무시하는 것은 아니지만, 자신이 살고 있는 시대조차 깨닫지 못하는 사람이 과연 과거의 역사를 객관적으로 바라볼 수 있을까? 우리는 도서관에서 역사서를 읽는다. 천 년 전에 로마를 다스렸다는 황제를 만나본 적도 없다. 그가 어떻게 살았는지도 모른다. 그의 시대에 살았던 대중으로부터 소감을 전해 들은 일도 없다. 문제는 당신이 읽게 될 그 역사서를 쓴 작가 또한 당신과 마찬가지로 그 시대를 겪어본 적이 없다는 점이다. 누군가가 오늘의 이야기가 담긴 신문보다 위대한 역사서를 읽는 편이 낫다고 생각하는 까닭은 그것이 책이기 때문이다. 값비싼 가죽으로 장정되고, '로마사'라는 근사한 제목이 새겨져 있기 때문이다. 한편 바로 지금 바티칸이 저지르고 있는 부정부패를 읽지 않는 까닭은 이를 보도한 사람이 한낱 기자이며, 그의 기사가 실린 것이 신문이라는 종이조각이기 때문이다. 이것을 편견이

라고 말하지 않을 수 있을까? 지적 생활에는 따로
계급이 없다. 지적 생활에도 급이 있다는 생각은 편
협이다.

부도덕할지라도 지적인 이성에
끌리는 딜레마

생각해보면 예나 지금이나 지적 노동자 중에는 부도덕한 생활자가 적지 않은 듯한다. 그들은 각자의 도덕관에 입각해 엄격한 생활을 한다는 공통점이 있지만, 그들의 도덕관념은 당시 그들이 속해 있던 국가나, 시대의 도덕적 양심과 양립하지 못했던 경우가 많다. 바이런은 부도덕의 극치였고, 셸리는 나름의 도덕관을 지켜왔으나 시대가 보기엔 매우 부도덕한 인물로 보였다.

바이런은 어찌 보면 고의로 부도덕한 생활을 지향했다고 볼 수 있다. 그는 시대를 위선으로 정의했으며, 세상이 말하는 윤리라든가, 종교를 혐오했다. 그는 기성의 가치관을 배반함으로써 그것들에 휩쓸리지 않는 진정한 자아를 유지할 수 있게 된다고 믿었다. 바이런의 지적 생활의 핵심은 이 같은 배덕(背德)이었다.

한편 셸리는 스스로를 도덕적인 인물로 판단했다. 그는 부덕을 혐오했다. 단, 여기서 기억해야 될 것은 셸리의 삶에서 도덕적 잣대는 세상이 규정한 윤리라든가, 법률, 대중의 가치관이 아닌 셸리 자신의 양심이었다는 점이다. 그는 자신이 인정한 도덕적 이상에 충실한 삶을 살았다. 셸리는 국가가 지정한 법률을 무시했다. 교회가 정한 양심의 범위를 초월해버렸다. 그는 모든 세속적인 규범들에 경의를 표하지 않겠다고 선언했다. 셸리는 아내가 있음에도 존경했던 사상가 윌리엄 고드윈(1756~1836, 영국의 사회철학자, 정치평론가)의 딸과 동거했다. 이일로 결국 아내는 하이드 파크 연못에 몸을 던져 자살했다. 셸리는 이에 대해 자신의 부적절한 처신 때문이 아닌 이를 받아들이지 못한 아내의 자유의지라고 변명했다.

바이런과 셸리는 지성인 가운데서도 드문 성격파였다. 우리가 추구하는 지적 생활의 일반적인 범주라고는 말할 수 없을 것이다. 그럼에도 불구하고 이 두 사람을 예로 든 이유는 지적 생활이 일반생활과 비교해 특이한 면이 있다는 것을 밝히고 싶었기 때문이다. 지성은 인간을 부도덕한 면으로 유혹하는 힘이 있는 것 같다. 특히 이성관계에서 그런 측면이 자주 부각된다.

지성인은 자신과 비슷한 지적 생활자를 반려자로 원한다. 이는 지성의 본능이다. 그들은 짧은 대화만으로 상대의 지적 수준을 간파해낸다. 상대의 관심사를 찾아낸다. 그들은 이성의 지적인 면모에 강하게 이끌린다. 단순히 외모에 반하거나, 상대의 능력, 명성에 매력을 느끼는 것과 지성에 반하는 것은 차원이 다르다. 대화가 지속될수록 상대에 대한 관심이 확산되어 마침내는 상대와 영원히 함께하고 싶다는, 그래서 더불어 지성의 바다에 머물고 싶다는 강렬한 소망을 뿌리칠 수 없게 된다. 그 유혹은 지적 생활을 경험하지 못한 사람이라면 감히 상상도 하기 힘든 강력한 것이다.

여기서 문제가 되는 것은 이 같은 만남은 매우 드물어서 어렵사리 찾아온 기회를 뿌리치지 못하고 집착하게 된다는 것이다. 만에 하나 이미 결혼한 상태거나, 결혼을 약속한 상대가 있거나, 혹은 상대방이 기혼자임에도 물불을 가리지 않고 그 유혹에 뛰어들게 되는 경우가 있다.

외국의 유명한 여류작가를 알고 있다. 그녀는 세상의 도덕체계 따위는 신경도 쓰지 않는 사람이다.

오직 자신의 지적 욕구를 만족시켜주는 데 헌신을 다한다. 그녀는 벌써 수십 번 결혼했다. 사회적 지탄이 뒤따르는 건 필연이다. 일반인이 보기에 그녀는 정상이 아니다. 툭하면 남자를 바꾸는 그녀를 대중은 음란하다며 비웃는다.

그런데 이 여류작가의 남성편력 뒤에는 그녀만의 도덕적 기준이 자리하고 있다. 바로 '지적 수준'이다. 그녀는 지적인 남자를 사랑한다. 자신에게 문학적 영감과 지성의 새로운 자극을 던져주는 남자를 만나면 사랑에 빠진다. 그에게서 영감과 자극이 동이 나면 그녀는 또 다른 지적 유혹을 찾아 그와 헤어진다. 지적 호기심이 그녀의 유일한 도덕기준이었던 것이다.

교양을 갖춘 사람일수록 육체적 유혹보다 정신적 매력에 약한 모습을 보인다. 사회의 근간인 가정은 안정을 기반으로 한다. 나이가 들면 육체는 시든다. 시들어가는 육체에서 매력을 느끼기란 쉽지 않다. 따라서 육체는 시간의 지속과 함께 가정을 유혹으로부터 벗어나게 해주는 안정적 처신이 된다. 국가와 사회는 시들어가는 인간의 육체를 바라보며 안도한다.

하지만 정신은 다르다. 세월이 더해질수록 완성되어지고, 반경이 넓어지고, 지적인 매력이 넘친다.

지적인 매력이 누군가에게 유혹으로 다가가 사회의 근간인 가정을 뒤흔든다면 이는 국가 입장에서는 범죄가 된다. 성숙된 인간의 지성이 사회의 행복을 흔드는 위험요소가 되는 것이다. 만일 세상 남편들이 아내와의 대화가 질적으로 수준 미달이라는 이유로 이혼을 선택한다면 어찌 될까? 반대로 아내들이 남편의 삶이 따분하다며 발로 차버리고 더 젊고 똑똑한 남자와 집을 나가버린다면 어떻게 되는 걸까?

인간은 참으로 난해한 존재이다. 대자연에 속하면서도 자연의 섭리에 끝없이 반항한다. 그 질서에서 벗어나기를 꿈꾼다. 지성도 그렇다. 자연이 정해 놓은 한계를 뛰어넘은 지성은 울타리를 탈출한 망아지와 같아서 모두가 부러워하는 폭주도 가능하지만, 동시에 어렵사리 가꿔놓은 밭에 들어가 농작물을 짓밟는 철없는 짓도 저지른다. 지나치게 세련된 감각, 섬세한 예술적 능력을 지닌 문학가와 화가, 음악가가 일상에서 보여주는 비열함, 저급함, 감수성을 의심하게 만드는 야비한 언사 등이 그렇다.

샤토브리앙(1768~1848, 프랑스 낭만주의 작가)의 작품에 등장하는 '아탈라'는 문학사에 길이 남을 정숙한 여인이다. 그런데 '아탈라'라는 인물을 만들어낸 샤토브리앙의 내면에는 극도의 음란함이 잠재되어 있었다. 그의 작품을 읽고 감동한 나머지 용기 내어 작가를 찾은 젊은 아가씨들에게 샤토브리앙이 던진 음탕한 말들은 그의 전기를 쓴 작가들조차 지면으로 옮기지 못할 만큼 민망한 내용이었다.

시인 라마르틴(1790~1869, 프랑스 시인)의 감성은 시대를 막론하고 예술의 가치에 대해 언급할 때마다 빠지지 않고 등장한다. 그러나 현실에서 라마르틴은 순수함과는 거리가 먼 생활을 즐겼다. 밤새도록 술집에서 난장판을 벌였으며, 몸 파는 여자들과 뱃놀이를 즐겼다.

현존하는 가장 뛰어난 천재에 대해 내 친구는 이렇게 말했다.

"그의 취미가 뭔지 아는가? 창녀들 집에 틀어박혀 밖으로 나가지 않는 것일세."

제아무리 철저한 지적 생활이더라도 비도덕적인 유혹으로부터 완벽하게 안전하지는 않다는 말을 하고 싶었을 뿐이다. 지성인의 위대한 업적을 비하할 의도는 없다. 나 또한 이와 비슷한 유혹을 경험했다. 과도한 지적 생활은 흥분으로 직결된다. 지적인 흥분은 육체적 흥분과 달리 쉽게 진정되지 않는다. 육체적 흥분은 대상이 있지만, 지적 흥분은 자발적 노력에서 우연히 얻은 열정이기에 그 진폭이 매우 깊고 넓다. 지적 흥분이 생활 전반으로 번져가 다른 일상에 악영향을 미친다. 지성과는 별상관이 없는 일상의 사소함에까지 흥분이 더해져 도가 지나친 행동과 말로 표출된다.

어느 철학자의 말처럼 신은 공평해서 한 분야에 뛰어난 능력을 타고난 자는 다른 분야에서 기준에 못 미치는 운명을 받아들여야 되는 것인지도 모르겠다. 이것이 설령 진실이더라도 실망하거나 지레 겁먹을 필요는 없다. 우리가 시도하는 지적 생활은 인류 역사에 길이 남을 만한 업적으로 이어지지 않을 확률이 더 높다. 즉 지나치게 편협한 지적 생활은 아닐 것이라는 이야기이다. 따라서 위험요소도 그만큼 적다.

평범한 사람은 흥분을 구한다. 감각적 만족을 추구한다. 지적인 탐구는 보다 순수하고, 다종다양한 자극을 바탕으로 정신적 흥분을 추구한다. 바이런이나 셸리 같은 사람을 예로 들었지만, 그들은 매우 특별한 사례일 뿐, 일반적으로 교양은 도덕에 좋은 영향을 미친다. 교양을 갖춘 사람은 그렇지 못한 사람보다 도덕적이다.

영국에서 가장 교양적인 인물은 가장 도덕적인 인물이기도 하다. 교양이 깊어질수록 그의 덕망 또한 한층 높아진다. 오늘날의 영국인은 과거 대륙의 유럽인들이 묘사했던 거칠고 야만스러운 조상들보다 도덕적이다. 현대의 영국인은 과거의 영국인보다 더 나은 교육을 받고, 더 많은 책을 읽고, 보다 진지한 자세로 지성을 대하기 때문이다.

지성인에겐 부도덕한 유혹을 물리칠 만한 이성의 힘이 갖춰져 있다. 이성의 힘 때문에 야심가들은 그들의 숭고한 야망을 절제할 수 있었다. 부도덕한 행위는 지성의 힘을 서서히 약화시킨다. 부도덕한 행위는 우리 안에서 인내를 사라지게 만든다. 쾌락은 정신의 반발력을 반감시킨다. 힘에 부치는 지적 생활을 포기하게 만들고, 고귀한 작업과의 씨름에서 먼저 패배를 선언하게 만든다.

부도덕한 행위가 지금 당장 무능력으로 이어지는 것은 아니다. 앞서 살펴본 바이런이나 셸리는 부도덕한 사람들이었지만 지극히 드높은 지적 결과를 가져오기도 했다. 그러나 여기서는 특별한 개인이 아닌 평범한 다수를 대상으로 논해야 될 것이다. 부도덕한 행위는 반드시 능률을 떨어뜨린다. 능률이 떨어지면 같은 일을 해내는 데 더 많은 시간을 소비시킨다. 무능력해지는 것이다.

승리와 패배를 모두 맛본 레슬러들은 승리와 패배를 가르는 아주 미세한 차이에 대해 잘 알고 있다. 훈련은 누구나 괴롭다. 그 괴로운 시기에 인내

했느냐, 상대보다 한 번이라도 더 그 같은 고통을 이겨낸 경험이 축적되었을 때 그의 노력은 승리로 이어진다. 고통에 대한 단련, 포기하고 싶다는 유혹을 물리친 경험이 승부의 절정에서 상대보다 앞선 정신력이 되어 승리를 가져오는 것이다. 몸을 쓰는 스포츠도 이런데 지성을 기반으로 조성되어 가는 우리의 삶은 어떠할까. 정신력의 차이가 승패를 가른다. 이 보이지 않는 정신력의 유무는 하늘과 땅 차이에 비할 수 있다.

위대한 지적 탐구에는 고통이 따른다. 배를 타고 바위로 뒤덮인 해안을 건너야 한다. 그런데 앞에서는 폭풍이 몰아친다. 배의 엔진이 약하다면 이 상황을 헤쳐나가지 못한다. 절망이다. 지성의 승리를 위해 쾌락을 희생시키는 건 그만한 가치가 있기 때문이다. 유혹에 졌다는 패배감은 굴욕이다. 미의 신 아프로디테도 위로해주지 못한다. 성취하고 싶은 소망이 있을 때 인간은 그 소망을 위해 자제력을 발동시켜 관능의 유혹과 싸워야 한다. 그런 훈련을 통해 삶이 주는 거대한 중압감을 견뎌내는 정신력이 만들어진다. 정신력은 자신을 뒷받침해줄 강인한 육체를 만들어낸다. 강인한 육체는 강도 높은 지적 훈련을 견뎌낼 수 있는 두뇌를 책임진다.

임폴리트 텐(1829~1893, 프랑스 철학자, 역사

가)은 이렇게 말했다.

"자기 힘을 함부로 낭비하는 것처럼 어리석은 짓은 없다. 그런 행위는 정열을 방해하는 짓이다. 10년만 그렇게 살아보라. 의지는 찾아볼 수가 없고, 생각하는 것마다 시금떨떨한 뒷맛이 따라다닌다. 마음속에 감추고 있던 근성도 시들어버린다. 좌절은 덤이다. 젊은이는 이를 깨닫지 못한다. 무엇인가가 되기 위해서는 무엇인가를 해보지 않으면 안 된다는 구실만 믿고 마음 가는대로 행동한다. 이런 경험이 쌓여 젊은이는 인생을 배우게 될 것이다. 하지만 정신을 차리고 뒤를 돌아보게 되었을 때, 정력은 쇠잔하고 열정은 사라졌으며, 행동하는 법은 까맣게 잊어버린 자신을 발견하게 될 것이다. 그래서 서른 살의 일개 노동자, 단순한 호사가를 자처하는 자기 모습에 실망하게 될 것이다. 이도 아니라면 부모가 물려준 재산을 탕진한 채 돌아오지 않는 청춘을 그리워하는 패배자가 될 것이다."

3부

지적 생활자에게 행복이란

지적 생활은 나의 눈으로 나를 바라보는 것

철학은 수학과 마찬가지로 사고를 훈련하는 데 큰 도움이 된다. 그러나 철학은 인간의 정신이 사유라는 활동에 익숙해지도록 돕는 것 외엔 그다지 쓸모가 없다. 다시 말해 인생의 목적으로 철학을 선택하기엔 뭔가 부족하다는 뜻이다.

철학이란 결국 철학자의 고뇌이다. 즉 한 인간의 세계에 대한 정의가 철학인 것이다. 그러므로 인간은 누구나 철학자이다. 자기 자신을 한 번이라도 생각해본 적이 있다면 그는 철학자이다. 이 세계가 무엇으로 성립되었는지를 한 번이라도 고민해본 기억이 있다면 당신은 철학자이다.

철학의 학문적 특성은 보편적 세계관의 표출이

다. 제아무리 위대한 사상가의 철학도 출발은 개인적 세계관의 수립이다. 이 개인적인 세계관이 보편적으로 받아들여졌을 때, 우리는 그의 이름을 위대한 사상가의 반열에 올려놓는다.

플라톤이나, 아우구스티누스, 헤겔, 쇼펜하우어도 처음 시작은 미약했다. 아마도 그들의 시대는 그들의 사상을 철없는 주절거림으로 여겼을 것이다. 특히 가장 최근에 활동한 쇼펜하우어의 경우 시대는 그를 미치광이로 취급했다. '이 세계는 살고자하는 나의 의지다'라는 쇼펜하우어의 세계관이 사실인지의 여부를 떠나 어쨌든 세계를 자신의 의지로 판단하는 쇼펜하우어의 세계관은 그를 철학자로만들었다.

철학은 진실과 거짓이라는 잣대로 판단 가능한 학문이 아니다. 판사의 권위로 인정하거나 몰수할 수 있는 사유재산이 아니다. 한 인간의 정신적 활동이 외부로 표현되었을 때, 우리는 그것을 철학으로 인정해야 한다. 그 철학에 대해 무조건 옳다거나, 틀렸다는 식으로 말싸움을 벌여서는 안 된다.

철학이 권위를 덧입게 되면 그것은 더 이상 철학이 아니다. 그것은 사상적 폭력이며, 군림이고, 구속이다. 철학은 지극히 개인적인 자기표현이다. 플라톤이 위대하다고 해서 그의 철학이 진리라고 단

정할 수는 없다. 우리가 플라톤을 위대한 철학자라고 표현하는 까닭은 사유의 결과가 아닌 사유의 과정을 인정했기 때문이다. 그의 개인적 세계관인 이데아론(論)이 외부로 드러나기까지 그가 감수했던 정신적 분열과 고통을 대다수의 사람들이 인정했기에 플라톤은 위대한 철학자로 칭송받게 된 것이다.

그런 의미에서 우리가 철학자에게 부여하는 권위는 학문의 결과에 대한 탄복에서 비롯되는 것이 아니라, 한 인간이 정신적 사유과정에 전 생애를 바친 데 대한 탄복에서 비롯된다고 할 수 있다. 따라서 철학자의 인격적인 권위는 가능할지라도 철학의 권위는 애초부터 불가능한 얘기이다.

다시 한 번 강조하지만 철학은 한 인간의 세계관에 지나지 않는다. 저속하게 표현하자면 플라톤의 이데아론은 플라톤에게만 필요한 사상이고, 아우구스티누스의 신국론은 아우구스티누스에게만 필요한 사상이다. 그리고 헤겔의 정신현상학은 헤겔의 정신구조만을 설명할 수 있고, 쇼펜하우어의 의지론은 그의 개인적 의지에만 국한되는 것이다.

이렇게 봤을 때 철학처럼 무의미한 것도 없다. 과학은 문명을 창조하고, 기술은 편리를 생산하고, 의학은 질병을 점령하는 데 비해 철학은 인류에게 아무것도 제공하지 않는다. 인간은 누구나 자신의 눈으로 세상을 바라보고, 자신의 의지로 인생을 사는 것이 당연하기에 플라톤과 헤겔이 눈앞에서 철학을 이야기해도 그들이 시키는 대로 자신의 삶과 의지를 굴복시킬 인간은 한 명도 없을 것이다.

그럼에도 불구하고 인간에겐 철학이 필요하다. 플라톤의 학설과 아우구스티누스의 사상과 헤겔의 논리학과 쇼펜하우어의 의지가 필요하다. 우리에게 플라톤과 아우구스티누스와 헤겔과 쇼펜하우어가 필요한 까닭은 그들의 학설 때문이 아니라 그들이 살아온 생애 때문이다.

소크라테스의 억울한 죽음을 곁에서 지켜본 후 철학자의 사회적 책무에 평생을 바쳤던 플라톤의 생애, 이단의 학설에서 새로운 교리의 창시자가 된 아우구스티누스의 격정적인 생애, 페스트에 감염된 도시를 떠나지 않고 자살과도 같은 철학적 죽음을 맞이한 헤겔의 생애, 평생 독신을 고수하면서 인간의 야박한 의지를 몸소 실천했던 쇼펜하우어의 생애….

그들의 생애가 있기에 우리는 정신적으로 더욱 성숙할 수 있었다. 솔직히 칸트를 읽고 이해하는 일반인이 몇 명이나 될까? 나 역시 너무하다 싶을 정도로 성실한 탐구에 질려버려 책장을 덮어버린 때가 한 두 번이 아니다. 그럼에도 불구하고 칸트를 읽은 사람이나, 이해하지 못한 사람이나, 읽지 않은 사람 할 것 없이 모두가 칸트를 위대한 철학자로 칭송하는 데 주저하지 않는 이유는 칸트가 인간으로서 위대하게 살았음을 알고 있기 때문이다.

철학이 강단의 교재가 된 시대를 살고 있는 우리들은 인류 역사상 가장 불행한 세대이다. 우리에겐 철학자가 없다. 온갖 철학이 난무하고 있지만, 정작 우리들에게 삶의 진솔한 면모를 깨우쳐줄 철학자가 없는 것이다. 소수의 알려지지 않은 철학자를 제외하고 우리에게 철학자로서의 철학적인 삶을 보여준 인물은 없었다.

위대한 사상이 위대한 철학자를 만드는 것이 아니다. 위대한 생애만이 그를 위대한 철학자로 만들어준다. 요즘 등장하고 있는 사상가들은 철학적인 생애보다 철학의 결실에 더 매진하고 있다. 현대인들이 철학을 멀리하는 근본적인 원인이다.

인간은 누구나 자신의 삶을 훌륭하게 만들 수 있다. 조금만 노력하면 위인들 못지않게 훌륭해질 수 있다. 위인이란 자유롭고 고상한 영혼이다. 위인은 어떤 관습에도 얽매이지 않으며, 어떤 세력이나 집단에도 소속되지 않는다.

인간이 자유롭고 고상해지기 위해서는 자기만의 사상이 있어야 한다. 남들이 가르쳐준 세상을 보고,

남들이 원하는 나를 만들어서는 자유로워질 수도, 고상해질 수도 없다. 자유롭고 고상한 영혼으로 인생을 사는 것이야말로 우리들 인생이 품을 수 있는 최선의 목적이다.

이밖에는 단지 불필요한 대용품에 지나지 않는다. 우리가 전부라고 믿었던, 그리고 가장 소중하다고 믿었던 명예나 권력, 부, 사랑 등은 자유롭고 고상한 영혼을 지니지 못한 인생들이 탐욕스럽게 매달리는 잠시의 위안일 뿐이다. 소멸된 육체에겐 명예도 필요 없고, 권력도 필요 없고, 부와 사랑도 필요 없다. 육체적인 목적은 육체의 소멸과 함께 모든 게 끝이다.

그러나 인간의 자유롭고 고상한 영혼은 육체가 소멸한 후에도 영원히 기억된다. 이 세계에 나의 발자취를 남기기 때문이다. 오직 한 번뿐인 인생이다. 운명은 두 번의 인생을 허락하지 않는다. 동물적 행위를 행복으로 여기며 살기엔 한 번뿐인 인생이 너무나 안타깝고 소중한다. 인생을 사랑한다면 자기기만을 축복으로 왜곡했던 지난날부터 반성해야 한다.

지적 생활은 내 안의 음성을 기다리는 행위이다. 지적 생활은 나의 요구를 나 자신에게 통보하는 수단이 아니다. 지적 생활은 삶의 은혜와 사랑을 나 자신에게 베풀어주는 도구이다.

지적 생활은 나의 눈으로 나를 바라보는 것이다. 나를 저울에 올려놓고 눈금을 재는 것이다. 나의 뜻에 합당하게 살아왔는지 스스로 점검해보는 것이 지적 생활이다.

그 동안 어리석고 무모하게 살아온 인생이 후회가 된다면, 그래서 남은 인생이라도 정직하고 성실하게 살고 싶다면, 우선 무지를 피해야 한다. 수시로 범죄를 저지르던 한 죄인이 하루아침에 봉사와 친절과 감사와 우정이 넘치는 생활로 돌아서는 것은 불가능하다. 그러나 최소한 평소 같았으면 아무 거리낌 없이 저질렀을 약탈과 방화와 살인은 얼마든지 피할 수 있다. 정직한 삶은 거짓말을 하지 않는 데서 시작되고, 지적인 삶은 나태와 방종이 죄라는 것을 자각함으로써 시작된다.

어느 영국 작가가 자신의 책 속에서 이런 말을 했다.

"평생에 한 번도 거짓말을 한 적이 없다고 자랑하는 사람은 머리끝부터 발끝까지 온통 거짓말 덩어리이다.

정직해지고 싶다면 진실을 말하는 법을 배우기 전에 거짓말을 하지 않는 법부터 배우도록 하라.

젊은이여, 아름다운 것들을 사랑하라. 아름다운 것들을 가까이 하라. 그대의 욕구를 추하고 더러운 것들로부터 아름다운 것으로 옮겨라. 이것이 세상에서 그대를 지켜낼 수 있는 단 하나의 무기다."

노동을 대하는 우리의 자세

이스라엘의 어느 철학자가 이렇게 말했다.

"원하는 노동에서 얻어진 기쁨보다 값진 것은 없다. 노동의 기쁨은 신의 축복이며, 인간의 본분이다."

노동은 진리이다. 땀 흘려 수고하고, 생산하고, 그 결과를 누리는 것은 인생의 진리이다. 성서는 "너는 흙에서 나왔으니 흙으로 돌아갈 때까지 얼굴에 땀을 흘려야 양식을 먹을 수 있으리라. 너는 먼지이니 먼지로 돌아가리라."고 가르친다.

사람의 일생을 한 문장으로 요약해야 한다면 이것으로 충분한다. "인간은 흙이므로 흙을 위해 땀을 흘려야 하고, 흙에서 죽고, 흙으로 돌아가야 한다. 그것이 진리며, 그것이 인생이다."

인간은 땀을 흘려 수고할 그 무엇인가가 반드시 있어야 한다. 다행히 절대다수의 현대인들이 땀 흘려 수고할 일터를 가지고 있다. 노동은 지상에서 맛볼 수 있는 최상의 행복이다. 그리고 노동을 통해 인간은 이 세계를 창조한 질서를 깨닫게 된다. 따라서 노동은 신성한 본분이며, 삶의 기쁨인 것이다.

일하지 않고 행복을 찾는 것은 세상에서 둘도 없는 어리석음이다. 일하지 않는 자, 먹지도 말라는 명언을 제시하지 않더라도 노동 없는 수확은 약탈이 될 수밖에 없다. 그러나 신성해야 할 노동이 사회적인 강요에 의해 자행된다면 이 또한 심각한 문제이다. 행복해지기 위한 노동, 자아를 찾기 위한 노동이 아닌 강제적이고 수탈적인 노동이라면 그것은 인간이 가축화되는 과정이라고 볼 수 있다.

현대사회의 노동이 점차 가축화의 과정으로 변질되고 있다. 인간의 순수한 본성이어야 할 노동이 경제적 계산과 사업주의 실익에 의해 강요와 억압과 강탈의 수단으로 전락한 것이다.

아무리 대우가 좋더라도 인간을 가축으로 취급하는 사회정의란 있을 수 없다. 국가의 장래가 아무리 중요할지라도 한 인간을 가축으로 구속하는 국가에 정당한 미래는 찾아오지 않는다.

국가는 짐승들의 슬픈 눈망울을 기억해야 할 것이다. 국민들의 눈망울이 어느새 짐승들을 닮아가고 있다. 국가가 국민에게 가축으로서의 삶을 강요한다면, 머잖아 국가는 인간의 나라가 아닌 가축을 길러내는 목장이 되고야 말 것이다.

인생은 여러 면에서 등산과 비슷하다. 그런데 인생이란 산은 누구나 처음 오르는 낯선 산이다. 더구나 등산에 대한 지식과 경험도 전무하다. 어떤 장비가 필요하며, 시간은 얼마나 걸리는지, 또 산을 오르다 길을 잃었을 때는 어떻게 해야 하는지 등을 전혀 모른 채, 이 낯선 산행을 출발하는 것이다.

안내인도 없이 산을 오르는 것은 매우 위험하다. 지리도 모를 뿐더러 산의 기후는 수시로 비가 내리고 안개도 자주 피어오른다. 길은 미끄럽기만 하고, 때론 처음 보는 사람들과 함께 동행하기도 한다.

그러므로 젊은이는 아직 사회생활이 시작되기 전에 단단해져야 한다. 산을 향해 단 한 걸음이라도 내딛기 전에 마음을 다잡아야 된다. 자신이 오르려는 봉우리가 어디쯤인지 미리 확인해야 한다. 산길에 미숙한 서툰 안내자를 뒤쫓지 말라. 자신과 마찬가지로 산행이 처음인 친구들과 함께하지 말라. 자신의 걸음에 주목하기를 부탁한다. 허락된 시간 안에 오를 수 있는 목표를 설정하기를 부탁한다. 그리

고 이 말을 명심하라. 산에서는 욕심을 부려선 안 된다. 산은 당신이 원하든, 원치 않든 언제나 그곳에 있다. 당신이 산에 오를 수는 있어도 산이 당신 곁으로 다가와주지는 않는다.

누구든 자신의 생애가 절망적일 때라고 느껴지는 시기를 한 번쯤 경험한다. 희망은 시리지고, 믿었던 사람들은 내 곁을 떠나는 날들이 반드시 찾아온다. 무기력하게 사라지는 시간을 바라보며 살아 있는 자들보다 오래 전에 죽은 자들이 행복하다고 고백하는 순간이 당신의 인생을 점령하려고 할 때, 당신은 이 고백에 고개를 끄덕여서는 안 된다. 죽은 자들이 행복하며, 그중에서도 어린 나이에 일찍 죽어버린 자들이 행복하며, 일찍 죽은 자들보다 태어나지 못한 자들이 행복하다는, 그래서 차라리 사는 것보다 죽는 게 낫다는 고백에 굴복해서는 안 된다.

삶은 평화가 아닌 전쟁이다. 우리는 싸우기 위해 태어났다. 나 자신과 싸우기 위해 살아가는 것이다.

당신의 의무를 다하라. 할 수 있다면 즐거운 기분으로 콧노래라도 흥얼거리며 전쟁터로 나가게 되기를 기도하겠다. 그렇게 할 수 없거든 비굴한 눈물이라도 쏟지 않기를 기도하겠다.

예술이란 무엇인가

예술은 인간의 이상을 높이기 위해 존재한다. 보다 순수하고, 보다 강렬하게, 그리고 더욱 위대한 존재로 인간을 발전시키기 위해서는 반드시 예술이 필요하다. 인간의 이상을 실현시키지 못하는 예술은 놀이이며, 인간의 존재를 위대하게 발전시키지 못하는 예술은 어릿광대의 분장(扮裝)에 불과하다.

예술은 인간의 논리로 판단할 수 없는 분야이다. 인간은 분석과 비교를 통해 이 세계를 배웠다. 원숭이와 아담을 비교했고, 그리스도와 마호메트를 분석했고, 유럽과 아프리카를 비교했다. 콜럼버스와 펠리페 2세의 무적함대를 비교했고, 나폴레옹과 알렉산더를 분석했다. 이 같은 비교와 분석을 통해 인류는 자신의 세계가 어떤 곳인지를 배웠다. 이 세계가 승자만을 기억한다는 사실도 알게 되었다. 그래서 인류는 숭고한 정신작용인 예술마저 승자와 패자로 나누려고 했다.

예술의 본질은 고귀한 영혼이다. 영혼은 이성적 판단으로 결정지을 수 있는 존재가 아니다. 우리의 천박한 속성을 자랑하며 관능적인 욕정을 채워주는 손길로 예술을 오판해서는 곤란하다.

예술가의 영혼은 이 세계에 맞서 자기만의 세계를 구축해야 한다. 세계의 본성에 대항할 수 있는 자기만의 세계를 가지고 있어야 한다. 예술가의 삶이 외롭고 은둔적인 이유는 그 때문이다. 예술가는 현세적이어서는 안 된다. 예술가의 눈은 오직 자기 자신만을 바라보고 있어야 한다. 그에겐 자신이 유일한 세계여야 한다.

그러나 이 길은 범상한 인간이 걷기엔 너무나 고통스럽다. 그런 까닭에 많은 평범한 인간들이 자연주의라는 예술의 새로운 분야를 거창하게 떠들어대기 시작했다. 인간도 생물학적으로 원숭이와 다름없는 일개 종(種)이므로 삶의 감정 또한 동물적인 표현법에 의존해야 한다고 주장하는 자연주의 예술가들은 모방의 가면 뒤에 숨은 사악한 범죄자들이다.

E. STANLEY BERKELEY

인간에게 예술이 필요한 까닭이 대체 뭐란 말인가. 우리가 원숭이의 일족이며, 꼬리를 잃은 동물이라는 학설을 뒷받침하기 위해 예술을 희생시킨다는 것이 말이나 된다고 생각하는가? 예술만큼은 어떤 비판에 직면하더라도 근본주의를 상실해선 안 된다. 예술은 영혼의 자용이며, 영혼의 눈물이며, 영혼의 결정체라는 근본주의적 시각을 한시도 놓쳐서는 안 된다. 예술은 인간의 영혼을 위해 존재한다. 인간의 영혼이 존재하기에 예술도 가능하다. 예술은 수학이 아니다. 합리적인 공식과 수리적인 발견으로 예술의 정체를 변화시킬 수는 없다.

예술을 돈으로 생각하는 사업가들이야말로 자연주의 예술의 탄생에 결정적인 공로를 세운 배신자들이다. 그들은 인류를 배신한 죄인이다. 인류에게 영혼이 아닌 다른 것을 영혼으로 생각하게 만든 가증스런 뱀이다. 그들은 인간에게 실체를 보여줘야 한다고 말한다. 더 이상 인류를 속여서도, 기만해서도 안 된다고 말한다. 그들은 예술이 환상에서 깨어나야 한다고 말한다. 예술은 창조가 아닌, 현실에 대한 모방이라고 서슴없이 말한다.

그러나 한 가지 망각한 것이 있다. 인류가 예술을 사랑하는 이유는 그것이 현실을 담아내기 때문이 아니다. 예술이 돈의 가치를 지니고 있기 때문이 아니다. 인류가 예술에게 기대하는 것은 인간의 실체가 아니다. 꼬리를 잃어버린 원숭이라는 비아냥거림을 듣기 위해 음악과 미술과 문학을 접하는 것은 아니다.

인류가 예술에게 원하는 것은 단 하나다. 그것은 육체로부터의 이탈이다. 육체적인 삶 외에도 정신적인 삶이 존재한다는 진리이다. 빵을 씹고 고기를 썰지 않아도 한 편의 시, 한 절의 노래로 절망적이었던 인생에 한줄기 빛이 쏟아질 수 있다는 믿음이다. 그것이 불가능할지라도 예술로 삶이 구원받을지도 모른다는 기대감을 저버리지 못하는 것이 인생이다.

예술이 다른 어떤 활동보다 위대한 것은 인간의 기대를 저버리지 않았기 때문이다. 인간이 향유한 모든 이성적인 활동은 인간을 실망시켰다. 국가는 국민을 억압했고, 경제는 빈곤을 낳았고, 종교는 헛된 망상을 심었고, 법은 죄인을 만들었고, 철학은 진리에 더욱 목마르게 했다. 하지만 예술은 그 어떤 암흑의 시대에도 인간의 영혼을 위로했다. 예술은 인간이 기대한 것 이상으로 인간의 가치를 설명했다. 나는 괴테가 아니지만 베르테르의 슬픔을 이해할 수 있다, 라는 기쁨이 예술의 진짜 보물이다. 나는 베토벤이 아니지만 베토벤이 사랑했던 새 소리를 듣고 있다, 라는 흥분이 예술의 진짜 보물이다. 그 보물을 인류는 지금 버리려 하고 있다. 싸구려 대중문화에 고귀한 영혼을 저당 잡히려 하고 있다.

얼마 못 가서 예술은 결국 죽고 말 것이다. 예술가의 영혼으로 가다듬지 않은 자연 그대로가 예술로 불리는 날이 올 것이다. 유물론이 인간의 영혼을 강탈해버렸다는 역사가 반드시 쓰여질 것이다.

새롭게 등장한 젊은 예술가들이 버려야 할 것은 세속만이 아니다. 그들은 이기주의부터 버려야 한다. 젊은 예술가들에게 필요한 것은 생활비를 대주는 거만한 귀족이나 고리대금업자가 아니다. 그들이 정말 원해야 할 것은 확고한 결심과 신념이다. 예술가는 일반인이 아니다. 사람들의 동정에 감사해서도 안 되고, 우정에 손을 벌려서도 안 된다.

예술가는 특수한 계층이며, 그들은 제사장이고 선지자이다. 일반인이 누리는 환경과 생활이 예술가에겐 악덕이며 범죄이다.

갈등은 예술가를 예술가로 만드는 힘이다. 외적인 갈등은 예술가를 삶으로부터 도태시키고, 내적인 갈등은 그의 영혼에 묻은 때를 벗겨낸다. 《파우스트》와 테니슨의 시, 단테의 베아트리체는 어느 날 갑자기 탄생한 작품이 아니다. 평생토록 예술가를 따라다녔던 갈등에서 추출된 삶의 진리이며, 고뇌의 흔적이다. 인류가 이들 작품을 사랑하는 이유는 그 흔적 때문이다. 직접적인 상처는 받지 않았지만 예술가의 삶을 통해 인류는 상처를 공유할 수 있다. 구원을 위해 모두가 십자가에 매달려야 하는 것은 아니듯, 예술가는 상처를 통해 작품을 탄생시키고, 그 작품을 통해 인류는 상처를 체감한다.

예술가는 눈앞의 이익에 사로잡혀서는 안 된다. 예술은 현재에 국한된 활동이 아니므로 예술가의 삶 또한 현재에 매달려서는 안 된다. 일찍이 예술가의 근본을 파헤치는 데 성공했기에 톨스토이는 이렇게 말할 수 있었다.

"예술가는 현실을 살아갈 수밖에 없는 존재지만, 그의 영혼이 남긴 자취는 오늘을 살지 않는다. 나는 이것을 확실히 깨달았기에 현실을 버렸다."

레나우도 톨스토이와 같은 깨달음을 얻었기에 다음과 같은 시로 자신의 삶을 위로했다.

어디로 눈을 돌려도 허무뿐,
인생은 나그네의 서러운 통곡임을
나는 오래 전부터 알고 있었다.

예술은 끝이 없고,
인생은 시간이 별로 없다고 한다.

"내가 혼자서 다시 걷기 시작했을 때 전율이 온 몸을 흔들었다. 그리고 며칠 후 나는 병에 걸렸다. 의사는 단순한 감기라고 진단했다. 나는 속으로 그의 무지를 비웃었다. 이것은 그냥 병이 아니다. 내 몸을 찾아온 열병은 감염된 세균이 아니었다. 나는 지쳤던 것이다. 현대인의 지나친 감격에, 그 끊임없는 환멸에, 도처에서 낭비되는 힘에, 희망과 절망을 혼동하는 어리석음에, 청춘을 향한 광적인 사랑에 나는 지쳐버린 것이다.

모든 이상주의적 허위와 약해빠진 철학, 냉소적인 시선, 음미할 때까지 기다릴 수 없다고 말하는 사랑, 더욱 깊어진 불신, 한 번 발을 들여놓으면 놔주질 않는 고독, 나와 다른 사람을 인정하지 않는 의혹에 지쳤다. 그리고 문득 깨달았다. 내 곁에 리하르트 바그너말고는 다른 친구가 없다는 것을. 그 쓸쓸한 침묵을 문득 깨닫게 된 것이다."

위의 글은 니체의 독백과도 같은 서술이다. 니체는 교양이 인간을 평가하는 절대적인 기준일 경우 최고의 인간이었다. 그는 우리 시대의 소크라테스였고, 환생한 디오니소스였다. 최근 50년 동안 니체는 가장 위대한 인물이었다. 하지만 니체는 그가 바라는 인간다움을 위해 일상을 포기했고, 일상 또한 니체를 생활에서 추방했다. 이 글은 생활에서 추방당한 교양을 갖춘 인간의 자기혐오이다. 지적 만족으로 표현할 수 있는 교양은 인간을 구원하지 못한다. 구원하기는커녕 스스로를 못 견디게 증오하기 일쑤이다. 인간은 인간을 알아갈수록 인간을 혐오하게 된다. 그것이 인간의 본질이다.

그럼에도 이 시대는 니체에 열광하고 있다. 한 인간의 자기혐오에 병적일 정도로 공감하고 있다. 그만큼 교양의 가식에 숨어 이 거짓된 인생에 지쳐간 사람들이 많았다는 뜻이기도 하다. 니체는 질병이다. 니체라는 이름은 영혼의 전염병이다. 니체를 사랑한다는 것은 영혼이 병들어 있다는 자각이다. 니체는 추종의 대상이 아니다. 우리 모두가 탈출해야 할 우리 자신의 모순이다. 우리에게 교양으로서의 니체가 아닌, 한 인간의 처절한 절규로서의 니체가 필요한 까닭이다.

니체는 지도자가 아니다. 니체는 모방할 수 있는 존재가 아니다. 자기 분수를 모르는 무지하고 건방진 속물적 교양인들은 톨스토이나 괴테보다는 니체가 쉽다는 이유로 그를 추종하는데, 이는 말도 안 되는 궤변이다. 인간은 니체처럼 사는 것보다 톨스토이나 괴테로 남는 게 더 편하다. 니체는 자신의 모든 것을 희생시켜 극악의 단계를 밟은 사람이다. 그에 비하면 괴테와 톨스토이는 인간으로서 어떤 것도 희생시키지 않았다. 오히려 인간이 누릴 수 있는 모든 것들을 가지는 데 성공했다.

괴테와 톨스토이의 종말은 인류의 찬사였으며 개인적 영예였으나, 니체의 종말은 광기였다. 니체의 껍질에 매료된 속물적 교양인들이 과연 니체가 감수했던 광기까지 사랑하는 것인지 묻고 싶다. 니체가 탐구한 예술과 철학은 광기의 예술이며, 종말로서의 철학이다. 니체는 모든 것을 파괴하고 싶어 했다. 그의 삶은 파괴의 악순환이었다. 니체는 파괴야말로 새로운 건설의 시작이라고 믿었다. 그 믿음의 첫 번째 희생양으로 자신의 삶을 택했다.

하지만 속물적 교양인 중 자신의 모든 것을 버리고 새로운 건설의 제물로 바쳐질 각오가 되어 있는 사람이 과연 몇이나 될까? 한 명이라도 있을까? 단언컨대 그들 중 니체의 삶을 따를 만한 자는 없다. 그들에게 니체는 기존의 윤리의식과 규범 등을 앞장서서 붕괴시켜준 길이 잘 들여진 사냥개에 불과하다. 그들이 니체를 '지도적 정신'이라고 칭송하는 이유는 속물적 근성에 방해가 되는 윤리의식을 부정했기 때문이다. 하지만 그들이 간과한 사실이 있다. 니체가 기존의 윤리의식으로는 속물적 교양인들의 삶을 재판할 수 없다고 믿었다는 점이다.

다시 말해 니체의 부정은 속물적 교양인에 대한 부정이었으며, 니체가 말하는 붕괴는 속물적 교양의 붕괴였다. 니체가 짜라투스트라의 귀환을 반긴 이유는 속물적 교양인들을 이 세계에서 추방시켜줄 유일한 구원자라고 믿었기 때문이다.

며칠 전 누군가 내게 물었던 질문이 오늘밤도 나를 괴롭힌다. 그는 예술이 무엇이며, 무엇으로 우리는 사랑을 하느냐고 물었다.

그가 이렇게 물은 이유를 나는 알 것 같다. 아마도 그는 다른 사람들을 통해 내가 사랑의 고귀함에 대해 자주 이야기한다는 것을 들었던 모양이다. 그렇다면 그는 나를 정확히 판단한 것이다. 나는 사랑이 고귀하다고 믿는다. 그래서 인간의 생명이 무엇이냐고 묻는다면 주저하지 않고 사랑이라고 대답해왔다. 나의 이 대답엔 망설임도 없고, 생각할 필요도 없다. 나는 사랑만이 인간을 인간답게 만든다고 확신한다.

사랑 없이 우리의 생명은 유지되지 않으며, 발전 또한 기대할 수 없다. 내가 살아 있다는 것은 내가 현재 뭔가를 사랑하고 있다는 뜻이다.

내가 말하는 사랑엔 정신적 사랑뿐 아니라 육체적인 사랑도 포함된다. 단세포적인 하등생물도 그

보잘것없는 생명활동을 잠시 중단하는 것으로써 하나가 둘이 되고, 둘이 넷이 되는 과정을 반복하고 있다. 뇌도 없고, 이성도 없고, 감정도 없는 단세포조차 자신의 생명을 위기 속에 몰아넣으며 둘로 쪼개져 개체의 수를 배가시키는 것이다.

분열을 번식의 도구로 사용하는 하등생물도 종(種)의 소중함은 알고 있다. 즉 자기가 속한 종을 사랑하는 것이다. 하물며 종자를 영속시키기 위한 인간의 노력을 단순히 욕정이니, 탐욕이니 하면서 비난할 수는 없을 것이다. 성적인 충동을 무조건 죄악시 여기는 우리의 마음이야말로 인류에 대한 사랑의 상실이 아닐까, 라는 생각이 들기도 한다.

물론 나의 이런 지적이 반갑지 않을 수도 있다. 나의 이런 의견이 지적이지 못하다, 라고 생각할 수도 있다. 하지만 인간이 감각적인 충동을 사랑하는 것은 당연한 결과이다. 인간에게 산다는 것은 후손을 낳는다는 의미이며, 후손을 낳는다는 것은 영속을 의미한다. 인간은 영속하기 위해 태어났고, 그 수단으로 후손을 낳고, 후손을 낳은 후 소멸한다. 인간은 영속을 사랑하고, 영속을 사랑하기에 후손을 사랑하고, 후손을 사랑하기에 탄생에 필요한 수단도 사랑하는 것이다.

육체적인 욕구는 잘못이 아니다. 신은 하등생물

에게도 분열의 기쁨을 허락하셨다. 육체적인 사랑
은 정신적 사랑의 죽음이다. 그러나 우리에겐 정신
적 죽음을 감수할 수 있는 힘이 있다. 신은 우리에
게 그 힘을 주셨다. 따라서 그 힘을 사용할 수 있는
기회도 사랑해야 하는 것이다.

지극히 이기적이라고 말할 수 있는 행위, 서로
상대방의 육체를 소유할 수 있다는 막연한 생각은
분명 쾌락적이고 분열적인 행위이다. 그는 그런 행
위가 자신이 추구하는 정신적 삶에 방해가 된다고
생각하는 것 같았다. 그러나 내가 보기엔 이는 지
극히 정상적인 삶의 과정이라고 생각된다. 인간은
분열을 극복할 수 있다. 아니, 분열마저 사랑할 수
있다.

정신적 사랑과 육체적 사랑은 서로 보완하는 관
계이다. 정신적 사랑은 육체적 사랑을 통해 사랑의
환희를 깨닫고, 육체적 사랑은 정신적 사랑을 통해
사랑의 의미를 깨닫는다. 우리는 둘 중 어떤 사랑도
포기해서는 안 된다. 정신적 사랑을 위해 육체적 사
랑을 희생할 수밖에 없었다는 것은 변명일 뿐이다.
육체적 사랑 없이 정신적 사랑은 완수되지 못한다.
정신적 사랑을 위해 육체적 사랑을 포기한다면 당
신의 정신은 아직 사랑할 준비가 되어 있지 않은 것
이다. 육체적 사랑을 위해서라면 정신적 사랑도 포

기할 수 있다는 확신이 들 때, 우리는 사랑이 무엇인지 알게 될 것이다. 예술이 무엇인지 알게 될 것이라고 생각한다.

지적 인간관계란

사람들에게 보답을 기대하지 말라. 그들을 위해 봉사할 수 있어 기뻤던 것으로 만족하라. 당신의 선행에 값을 매기지 말라. 보답을 바라지 않는 선행만이 사랑이다. 사람 간의 사귐이 착취나, 고용 등의 불평등한 관계가 되어서는 안 된다. 인간은 짐승이 아니다. 가축으로 살아서는 안 된다. 인간이 인간을 소유로 삼을 수는 없다.

또한 자기와 관계를 맺고 있는 사람들의 행복에 무관심해져서도 안 된다. 그들이 나를 알고, 내가 그들을 알고 있는 이상, 우리는 서로의 행복에 기여해야 한다. 그렇지 못한 만남은 진실한 만남이 아니다.

이러한 만남이 불가능하다고 생각되거나, 도저히 그와는 이런 만남을 지속시킬 수 없다고 판단될 때는 차라리 그와의 사귐을 중도에 포기하는 것이 그를 위해서나, 또 나를 위해 현명하다.

많은 사람들과 허물없이 사귄다는 건 쉽지 않다. 명심해야 할 것은 사귐보다 헤어짐이 더 어렵고 중요하다는 점이다. 상대방의 감정을 상하지 않도록 세심하게 배려하고, 나의 감정을 솔직하게 고백할 수 있는 자신감이 필요하다.

아라비아의 속담에 이런 말이 있다.

"지나치게 큰 신발을 신지 말라."

해석하자면 지위가 높아지더라도 자만하지 말라는 뜻이다. 인생은 도처에 실패라는 함정을 파놓고 우리를 기다린다. 발에 맞지 않는 신발을 신고서는 이 함정을 피해가지 못한다.

너무 큰 신발은 발만 피곤하게 하는 것이 아니다. 사람들의 신뢰도 앗아간다. 커다란 신발을 신고 뒤뚱거리며 걷다보면 불안한 자세를 눈치챈 사람들로부터 차츰 신뢰를 잃게 되는 것이다.

너무 작은 신발도 고통스럽기는 큰 신발 못지않다. 발보다 작은 신발은 통증의 원인이 된다. 길을 걷는 것보다, 함정을 피하는 것보다 발바닥의 통증이 더 크게 느껴지는 인생을 살 수밖에 없다.

가장 이상적인 인생은 그 사람의 지위와 그 사람의 역량이 정확하게 일치할 때이다. 비유하자면 내 발에 딱 맞는 신발을 신고 길을 걷는 것이 최선이다. 그러므로 사람은 신발을 고르기 전에 자신의 발 크기부터 재봐야 한다. 그 후에 신발을 고르는 것이 순서이다. 인간관계도 이와 크게 다르지 않다.

성격이나 인품이 비슷한 사람들끼리 친구가 되는 경우가 많다. 스코틀랜드에는 "비슷한 깃털을 가진 새들끼리 무리를 이룬다."는 속담이 있다.

인생에서 친구가 차지하는 비중은 무시할 수 없다. 그만큼 인생에 많은 영향을 끼치므로 잘 선택해서 사귀는 것이 중요하다. 그러나 친구를 선택하기에 앞서 자기 자신부터 되돌아보기 바란다.

스코틀랜드 속담에 담긴 뜻은 자기가 시시한 사람이면 친구도 시시한 사람이 많고, 자기가 훌륭한 사람이라면 친구도 훌륭한 사람이 많다는 것이다. 이 말은 좋은 친구를 사귀고 싶다면 먼저 좋은 사람이 되어야 하고, 훌륭한 사람과 사귀고 싶다면 먼저 훌륭한 사람이 되어야 한다는 의미이다. 친구에게 뭔가를 기대하기 전에 친구에게 뭔가를 줄 수 있는 사람이 되어야 한다. 친구의 인격을 평가하기 전에 자신의 인격이 친구에게 어떤 모습으로 비쳤을지 생각해봐야 한다.

좋은 친구를 사귀는 것은 자기 자신을 수양한 뒤에 생각할 문제이다. 세르반테스는 "당신의 친구가 누구인지 내게 말하시오. 그러면 당신이 어떤 사람인지를 말해주겠소."라는 말을 남겼다.

적이든, 친구든 나의 인간관계가 곧 나를 이야기한다. 가증과 위선으로 사람들의 눈은 속일지 몰라도 귀에 들리는 평판까지 속일 수는 없다. 아무리 자기의 모습을 완벽하게 꾸민다고 해도 주위 친구들까지 꾸밀 수는 없는 노릇이다.

당신이 어떻게 살아왔고, 어떤 사람인지 궁금하다면 오늘 저녁 친구들을 저녁식사에 초대해보라. 그들이 당신에게 하는 말과, 당신에게 원하는 것과, 당신에게 해주고 싶어하는 것들을 들어보라. 당신은 친구들이 어떤 사람인지 알게 될 것이며, 어떻게 살아왔는지 알게 될 것이다. 그 친구가 바로 당신이란 사람이다. 그의 삶이 바로 당신이 살아온 시간이다.

인류에겐 한 가지 공통적인 목표가 있다. 이 목표는 나를 향한 타인의 사랑을 받아들이고, 또한 이 사랑을 다른 사람에게 나눠줘야 한다는 것이다.

이 같은 목표를 선천적으로 빠르게 타고나는 사람이 있는가 하면 조금 늦게 깨닫는 사람도 있다. 어쨌든 중요한 사실은 이 목표가 우리 모두의 것이

라는 점이다. 제멋대로 목표를 설정한 인생은 필연
적으로 수많은 고난과 방황에 시달린다. 모든 고생
이 끝난 후에야 자신이 쓸데없는 길을 걸어왔으며,
참다운 인생은 그리 먼 곳에 있지 않았다는 사실을
알게 된다.

그러나 이런 사실을 깨달았다고 해서 삶의 목표
에 도달했다고는 말할 수 없다. 진짜 목표는 이제부
터 시작이다. 오랜 방황과 고생 끝에 깨달은 인생의
목표와 의미를 자신의 전철을 밟고 있는 다른 사람
들에게 전해줘야 하는 것이다. 그것이 오랜 세월 고
난을 숙명처럼 받아들인 이유이다. 이 같은 목표를
달성하지 못한다면 그의 삶은 솔로몬 왕이 한탄했
듯이 헛되고 헛될 뿐이다. 나의 고통스러웠던 경험
을 나와 같은 실수를 저지르려는 다른 이에게 전하
지 못한다면 나의 고통스러웠던 경험처럼 무의미한
것도 없다. 그러한 자각에 이르지 못하는 방황은 결
국 한숨과 애통만이 남을 뿐이다.

선량한 이웃이 되어야 한다. 믿음직스런 친구가
되어주어야 한다. 사람들 앞에서 겸손하고, 적 앞에
서는 확고부동하며, 염치도 모르는 어리석은 사람
들에게 함부로 친절을 베풀어서는 안 된다.

마음이 성실한 자에겐 보상의 시기가 반드시 찾
아오는 법이다. 노력은 거짓말을 하지 않는다. 내가

원하는 인생을 약속해주는 것은 아니지만 최소한 실망은 시키지 않는다. 그것으로 감사할 때 인생은 더 많은 노력을 선물로 베풀어준다.

당신 인생에 함부로 명령을 내리지 말라. 당신을 반대하는 자들에게 미소로 승리하라. 당신 자신에게 반항하라. 그리하면 이루어질 것이다. 남에게 명령할 때는 웃는 낯으로 하라. 웃음은 칼보다 강하다.

속세에 물들지 않고 고결하게 살아온 인생이더라도 한 번쯤은 세상 권력을 가진 무리와 싸우게 된다. 그들은 우리를 넘어뜨리려고 안간힘을 쓴다. 그들은 우리의 약점과 장점을 모두 알고 있다. 내가 무엇을 자랑하며, 내 마음이 무엇을 좋아하며, 내가 어떤 사람이며, 내가 누구를 좋아하는지 그들은 속속들이 알고 있다. 그들은 내가 포기할 수 없는 것과, 내가 자랑하는 것과, 내가 가지고 싶은 것으로 나를 넘어뜨리려고 한다. 이 최후의 전투에서 우리의 무기는 오직 인내뿐이다. 참고 견디는 것만이 우리의 무기이며, 그들이 제일 두려워하는 무기이다.

나의 마음속엔 우주가 깃들어 있다. 그것이 진실이다. 내가 진실과 거짓을 구별하고, 진실을 추앙하고, 거짓을 부끄러워하는 것은 보다 넓은, 우주를 닮은 마음을 그리워하기 때문이다. 우주의 마음을 거역하고는 새로워지지 않는다. 우주의 완성은 나의 완성에 있는 것이다. 완성된 존재로 나의 영원한 지성에 다가가기를 기다리는 것이다.

악에서 떠나는 것이 진짜 자유는 아니다. 자유는 모든 악한 풍파 속에서 나를 지켜내는 것이다. 시류에 휩쓸리지 않고 나를 지켜내는 것, 내 욕망을 다스리는 것, 혈기를 참아내는 것, 그것이 나의 자유이다.

인간은 자유로워져야 한다. 인간은 자유를 쟁취해야만 한다. 인간은 자유롭게 살아가야 한다. 명예와 호화로운 저택이 당신을 자유롭게 해주는 것은 아니다. 세상이 공허하고 따분하게 생각된다면 당신의 삶이 억눌려 있다는 증거이다. 당신에게 자유가 필요하다는 증거이다. 당신의 무게를 감당하지 못하고 있다는 뜻이다. 그래서 애꿎은 사람들에게 분노하고 실망하는 것이다. 그들은 사실 당신 삶에 아무런 의미도 없다.

자연의 뜻을 상기하라. 당신을 태어나게 만든, 그리고 당신을 존재하게 만드는 자연의 질서를 기억해내라. 질서가 당신을 무엇으로 보고 있는지 깨달으라. 그래야만 사람들 속에서 자유로워질 수 있다.

지적으로 적을 대하는 방법

"현명한 사람은 적으로부터 배운다."

그리스의 희극작가인 아리스토파네스가 남긴 말이다. 아리스토파네스는 사람을 웃기는 재능이 뛰어났다. 그는 딱딱하고 엄격한 비극의 형식을 거부하고, 기지에 넘치는 대화와 장면으로 웃음을 연출했다. 그가 추구한 웃음은 단순한 웃음이 아니었다. 그는 불합리한 시대와 가식적인 정치를 비웃기 위해 웃음이라는 장치를 사용했던 것이다. 고개를 숙이지 않는 문학의 모순을 파괴하고 개혁하기 위해 청중들을 웃겼다.

아리스토파네스의 희극은 오늘날에 읽어도 전혀 부담스럽지 않다. 기원전 380년에 활동한 작가의 연극이 오늘날에도 부담스럽지 않다는 것은 실로 놀라운 업적이다. 그리스 비극이 시대의 몰락과 더불어 사람들의 기억 속에서 신화로 남았던 반면에, 아리스토파네스의 희극은 현대에 들어와서도 그 생명력을 이어나가고 있다.

'현명한 사람은 적으로부터 배운다'는 말은 아리스토파네스가 자신을 두고 한 말이었던 것 같다. 그에게 웃음을 가르친 것은 비극이었다. 그에게 겸손을 가르친 것은 거만한 동료작가였다. 아리스토파네야말로 적으로부터 현명함을 배운 주인공이었다.

적으로부터 무언가를 배우고 싶다면, 우선 적의 능력을 인정할 줄 알아야 한다. 적을 인정한다는 것은 내게 없는 그 무엇을 적으로부터 발견한다는 뜻이다. 적과 나를 비교하는 것은 승리의 시작이다. 자신의 능력을 항상 반성하고 냉정하게 비교하는 깊은 사고력 없이는 적으로부터 아무것도 배우지 못한다. 그 다음으로 중요한 것은 배울 만한 가치가 있는 적을 선택하는 것이다.

무엇보다 중요한 건 되도록 적을 만들지 않는 것이다. 적으로부터 뭔가를 배워야겠다는 생각으로 적을 만드는 것은 어리석은 행동이다.

적을 만들지 않는 것도 중요하지만 현재 나의 적

이라고 생각되는 사람들을 친구로 만드는 것도 중요하다. '원수를 사랑하라. 너를 책망하는 자를 위해 희생하라' 는 가르침을 모르지는 않을 것이다. 적에게 복수하는 가장 좋은 방법은 친절을 베푸는 것이다.

적에게 필요 이상의 적의를 드러내면 상대방 역시 그에 못지않은 적의를 드러낼 것이다. 하지만 적에게 선의를 베푼다면 어떻게 될까? 상대방의 미움은 힘을 쓰지 못할 것이다. 나의 친절이 적의 분노를 이긴 셈이다. 그것이 진짜 복수이다.

우리는 일반적으로 가까운 친구들에 대해서는 많은 생각을 한다. 우정이란 무엇인가, 그에게 어떤 행동을 보여줘야 하는가, 등을 진지하게 고민한다. 하지만 적에 대해서는 그 같은 진지함을 보여주는 경우가 매우 드물다. 단순히 마음이 맞지 않는다는 이유에서, 또는 그가 나에 대해 불평하고 있다는 말을 전해 들었다는 시시한 이유를 핑계로 너무 쉽게 적을 만들어버리곤 한다. 그렇게 서로 적대관계가 성립되면 아무것도 아닌 일에 반발하고, 대항하는 악순환이 시작된다.

상대방이 시시한 사람이라면 자기도 시시한 문제에 휘말리게 된다. 적을 만들기 전에 좀 더 현명하고 냉정하게 판단해야 하는 까닭이다. 적으로 인정하기에 부족함이 없는 사람들과 싸워야 한다. 어차피 인간의 본성은 투쟁적이다. 그 본성을 거스르는 것이 최선이겠지만, 아직은 그럴 자신이 없다면 부끄럽지 않은 적을 찾아봐야 한다.

경멸하고 싶은 사람을 적으로 만들지 말라. 당신의 적에게 긍지를 가져야 된다. 당신이 그들의 적이라는 사실에 긍지를 가져라.

인생을 굳세게 헤쳐 나가는 길엔 두 가지가 있다. 첫째는 이리떼처럼 울부짖으며 만인이 함께 누릴 수 없는 인생의 향락에 홀로 달려드는 것이다. 한 점의 고깃덩어리를 가운데 놓고 서로의 목덜미를 향해 송곳니를 박아버리는 것이다. 물어뜯고 싸우면서 함께 사망의 길로 접어드는 것이다.

이것이 얼마 전부터 유행처럼 번지기 시작한 유물주의적 생존경쟁이다. 강한 자는 살아남고, 약한 자는 먹잇감이 되는 인간성의 상실이다.

둘째는 지적 생활을 추구하며 성실하게 살아가는 것이다. 지성의 빛을 희망으로 삼고 하루하루를 연명하는 것이다. 교양과 정신을 고양시키고, 강자와 약자의 구분 없이, 서로의 살결에 이빨자국을 남기지 않고 평화롭게 공존하는 세계를 추구하는 것이다.

두 번째 삶의 모습에선 우울증이나 무력감 같은

현대인의 질병은 발견되지 않는다. 누군가를 삼켜야만 생존을 보장받는 것도 아니므로 죄책감에 시달리지도 않고, 지나가는 사람들을 병적으로 의심하지 않아도 된다.

인간은 이 두 가지 길 중 하나를 선택해야 한다. 우리의 삶은 날마다 그 기로에서 방황하는 모순이다. 많은 사람들이 그 길의 중간에서 한쪽 발씩 딛는 삶을 선택한다. 그러나 이 어중간한 삶은 그 자체로 고통이며 결함이다. 피에 굶주린 욕구는 채워지지 않고, 지성과의 동행은 손에 남는 것이 없다는 생각으로 괴롭다. 늑대가 채식주의를 선포하는 것과 양들이 풀만 먹고살 수는 없다고 아우성치는 것과 비슷하다.

불만은 우리들 영혼의 양식이다. 우리의 영혼은 평화와 위로와 안식과 사랑 대신, 불평과 불만을 먹으며 살아왔다. 불평과 불만의 쓴맛에 익숙해진 우리의 영혼은 배려와 포용과 믿음과 감사를 사치라고 생각한다. 혹은 저급한 과거의 유물이라고 치부한다.

우리에겐 두 가지 길뿐이다. 두 가지 길 중 한 가지 길을 선택하는 순간, 나머지 길과의 투쟁이 시작된다. 세상의 길을 선택할 경우, 우리는 지성과의 투쟁에 나서야 한다. 반대로 지성의 길을 선택할 경우, 세상은 우리의 적으로 돌변할 것이다. 그 동안 인류는 세상과의 싸움이 힘겨워지면 지성과의 투쟁을 선포했고, 지성과의 투쟁이 힘겨워지면 세상을 원망하며 칼을 뽑았다. 그 결과 인류는 완전한 육식동물도, 완전한 초식동물도 되지 못한 채 피에 질리면 풀을 뜯고, 풀이 지겨우면 고기를 찾는 잡식성이 되어버렸다. 우리는 결연한 의지로 선량한 인생을 꿈꾸지도 않았으며, 영혼과 양심을 버린 악인이 되지도 못했다.

단테는 지옥의 문 앞을 서성거리는 많은 사람들에게 왜 이곳에 있느냐고 물었다. 그러자 사람들은 지옥으로 들어가자니 아직 양심이 남아 있고, 천국으로 올라가자니, 살아 있는 동안 저지른 죄가 너무 많다고 대답했다. 단테는 이것이 선과 악의 두 갈래 길에서 인간이 어느 한쪽을 버리지도, 그렇다고 택하지도 못한 결과라고 정의했다.

단테의 표현처럼 인류는 지옥에서도 멸시를 받고, 천국에서도 멸시를 받고 있다. 인간이 죽음을 두려워하는 이유는 이것을 알고 있기 때문은 아닐까?

지적으로 나이 드는 법

타고난 재능을 노년까지 유지하고 싶다면 선한 일을 많이 해야 한다. 이것이 늙음의 수치를 막아주는 최후의 방주이다. 늙는다는 것이 죽음보다 더 무섭다. 노년에 겪게 되는 수치와 비극이 죽음으로써 영원히 잊혀질지 모른다는 걱정보다 더 무섭다.

나이듦이 고통스러운 까닭은 어떻게 늙어야 하는지를 모르기 때문이다. 인간은 한 번도 늙어본 적이 없으므로 그 과정을 어떻게 받아들여야 하는지 모른다. 그 무지가 노년의 생애를 더욱 비참하게 만들곤 한다.

인간에게 가장 필요한 지혜가 무엇인지 묻는다면, 어떻게 늙어야 하는지를 아는 것이라고 대답하겠다. 인간의 최후가 어떤 모습이어야 하는지를 아는 것보다 더 중요한 지혜는 없다. 이 지혜는 젊었을 때 무엇을 해야 하는지 아는 것보다 훨씬 중요하고 어렵다.

노인답게 자연스럽고 현명해진다는 것은 어렵기만 한다. 아름다운 노년은 서쪽 하늘을 물들이는 노을이다. 노을이 아름답기 위해서는 새벽부터 대지를 달궈야 한다. 아름다운 노년은 결국 아름다운 청춘을 살았다는 증거이다. 누구보다 치열하게 주어진 인생에 최선을 다했다는 뜻이다. 인간이 아름답게 늙지 못하는 것은, 늙음을 두려워하는 것은 지나간 시간에 최선을 다하지 못했음을 알고 있기 때문이다. 그것이 한스럽고 부끄럽기 때문이다. 나이 드는 것을 무서워하는 것은 그 때문이다.

지혜와 덕을 갖춘 노인은 인류의 축복이다. 신은 인간이 원하는 모든 것들을 가르쳐줄 수 없었기에 노인에게 지혜를 주셨다. 그러나 언제나 그래왔듯이 이번에도 인간은 신의 뜻을 거역하고 있다. 노인의 지혜를 늙은이의 망령쯤으로 대수롭지 않게 생각하는 것이다.

시간은 인간에게 모든 것을 가르쳐준다. 인간은 많은 것을 배우면서 끊임없이 나이를 먹는다. 늙었다는 것은 그가 오래 살았다는 뜻이기 전에 많은 것을 알고 있다는 뜻이다. 노인의 백발은 나이를 말하는 것이 아니라 그의 영혼에 담긴 지혜를 말하는 것이다.

인간의 가장 고귀한 특권은 늙어서 존경받을 때이다. 주름살과 함께 품위를 갖추고, 인생의 마지막 시절에 자신의 영혼을 아낌없이 베푸는 것이야말로 인간의 생애를 장식하는 노을이다. 존경받는 노년은 청춘의 격정만큼이나 행복하다. 그러나 노년에 존경받기란 말처럼 쉽지가 않다. 노년의 존경과 행복은 평생을 투자해야 받을 수 있기 때문이다. 나이에 어울리는 현명함을 갖기도 어려울 뿐 아니라 세상은 노인에게 그런 기회조차 아까워한다.

인생의 쓴맛과 단맛을 모두 경험한 노인이 청년들에게 조언을 해주려고 하면 청년들은 거리에서 시끄럽게 떠들어대는 주정뱅이 보듯 노인을 쳐다본다. 청년들은 늙은 우리들보다 젊은 자기들이 더 영리하다고 생각한다. 이유가 무엇일까?

이 세상이 들려줄 수 있는 유일한 복음은 자기의 일이 무엇인지를 알고, 그 일에 종사하는 것이다. 자신에게 맞는 직업을 발견하여 그 일에 매진하는 생활은 인생에서 경험할 수 있는 최고의 행복이다.

이상은 먼 곳에 있는 미지의 세계나 존재가 아니다. 노동을 필요로 하는 그 일에 나를 투영시키는

것이 우리가 찾는 이상의 진짜 모습이다. 그런데 많은 이들이 노년에 직업을 상실한다. 평생토록 한 직업에 머무르기란 쉬운 일이 아니다. 세월과 함께 그 자리에서 물러나야 한다. 즉 절대다수의 사람들이 이상적인 직업을 찾지 못한 채 쓸쓸히 노후를 맞이하고 있다는 이야기이다.

그렇다면 우리는 어떻게 이상적인 직업을 찾아야 하는 걸까? 나의 타고난 능력을 발휘할 수 있는 직업이란 어떤 것일까? 만약 그 일을 당신이 즐기게 된다면 당신의 이상은 그곳에 있다. 만약 당신이 그 일을 의무감 때문에 버리지 못한다면, 그곳은 당신에겐 지옥이다. 즐거운 노동, 그것이 실현된 이상이다.

당신이 어떤 직업을 통해 행복해지고 싶다면 다음 세 가지를 유념해야 한다. 첫째, 그 일에 필요한 능력을 갖출 것, 둘째, 지나치게 많이 일하려고 하지 말 것, 셋째, 그 일을 사랑한다고 당신 자신을 속이지 말 것.

직업은 생계를 책임지는 수단이면서 한 인간의 개인적 능력을 드러내는 동기가 된다. 영국 사람들은 '할 일이 없는 것은 고통이다' 라는 속담을 즐겨 사용하는데, 일이 없다는 것 자체가 고통이라기보다는 일이 없어 자신의 능력을 시험할 수 없다는 것이 더 고통스럽다는 뜻으로 해석된다. 그러므로 할 일이 없는 노년이 고통스러운 것은 당연한 결과일 것이다.

철학으로 설명하지 않더라도 노동은 생명이며, 직업이 생활의 척추라는 것은 누구나 공감하는 진리이다. 수입이 없으면 빵도 살 수 없고, 우유도 살 수 없다. 정신적 고통과 육체적 고통이 동시에 엄습하는 것이다. 특히 젊은 시절의 일자리는 그의 평생을 좌우하는 절대적 권한을 가지고 있다. 인간의 전성기는 25세에서 시작해 40대 후반에 마무리된다. 그 시기를 일하지 못하고 낭비하는 것은 다른 사람보다 일찍 지옥을 경험하는 것과 똑같다.

인간은 대부분 청장년기에 큰일을 완수한다. 그렇지 않은 경우도 있지만 거의 대부분 청장년기에 능력의 절정에 도달한다. 그 시기를 놓친 인생은 아무것도 남지 않은 빈 지갑과 같다.

세월이 지나면 당연히 나이를 먹는 것이라고 생각할수록 인간은 빠른 속도로 늙어간다. 육체의 질병은 마음의 상처에서 나온다. 마음이 육체를 병들게 하고, 마음이 육체를 건강하게 이끈다. 모든 질병은 마음을 어떻게 가지느냐에 따라 좋아지거나 나빠진다.

세월을 이기는 방법은 세월을 잊는 것이다. 세월 속에 병들고 지쳐가는 자신의 모습을 확인하지 못할 정도로 열심히 살아가는 것이다. 장수의 축복은 100세가 넘을 때까지 살아남았다는 데 있지 않다. 100년의 세월이 걸리는 업적을 내 생애에서 이룩했다는 데 있다.

젊은이들은 젊음을 목숨보다 사랑한다. 그들에게 젊음은 소중한 것이다. 무한한 가능성이 열려 있기 때문이다. 하지만 새로운 것을 이룩하는 창조적 힘이 그들의 청춘에 결여되어 있다면 개나 돼지의 젊음과 다를 것이 없다. 머리 위로 폭포처럼 쏟아지는 불볕을 맞으며 덥다는 생각이 들거든, 아직 젊다고 말하지 말라. 불붙는 광망(光芒)에 소름이 돋을 만큼 추위가 느껴져야 진정한 젊음이다.

북풍에 시달려 얼어붙는 눈썹이 차갑게 느껴지거든, 아직 젊다고 말하지 말라. 지금은 대낮이며 일하기엔 햇살이 너무 따갑다고 말하는 것이 진정한 젊음이다. 그 야망과 전율과 황홀을 잃어버렸다면 그것은 젊음이 아니다. 그 야망과 전율과 황홀이 남아 있다면 당신은 아직 늙지 않았다.

봄이 무엇인지는 겨울이 되어야 알 수 있다. 가장 아름다운 5월의 노래는 화롯가에서 만들어진다. 자유를 사랑하는 마음은 갇힌 자의 품에서 싹튼다.

상처받은 자만이 타인의 상처를 치료할 수 있다. 청춘을 상실한 노년이야말로 청춘의 가치를 인정하는 유일한 시기이다. 그러므로 노년은 또 다른 청춘이다. 생각만으로도 가슴이 벅차오르는 청춘의 열병이다.

어느새 육신은 쇠잔해져 마른 나뭇가지처럼 볼품없이 변해버렸지만, 세월이 흘러도 이 마음은 변한 게 없다. 변하기는커녕 생에 대한 집착은 더욱 커지고, 뭔가 남기고 싶다는 욕망은 밤잠을 설치게 만든다. 과거의 향수에 머물러 있기엔 남겨진 시간이 얼마 없다. 청춘이 아름다운 것은 그 시기가 길지 않기 때문이다. 당신의 영혼이 청춘의 때와 같이 다시 한 번 흥분하는 것은 당신에게 남은 세월이 그리 길지 않기 때문이다.

이별처럼 슬픈 것은 없다. 하지만 삶이란 그 자체가 이별이며, 인생이란 어쩔 수 없이 매순간 헤어져야 한다. 이 아픔을 견디지 못한 사람들은 불신의 탑을 쌓고, 스스로 그 안에 갇혀버린다. 이별을 견디느니, 이별이 쫓아오지 못하는 곳으로 도피해버리는 것이다.

태어났다는 것은 죽을 때가 기다리고 있다는 뜻이고, 만남은 이별의 시작이며, 즐거움은 눈 깜짝할 사이에 근심이 된다. 처음부터 낯선 타인이라면 서로 이별할 이유가 없지만, 그를 알게 되는 기쁨의 순간이 우리에겐 이별을 약속했던 바로 그때가 된다. 소설이나, 연극, 시 등의 예술작품이 이별을 소재로 삼는 것을 보면 인생이란 누군가를 만나고, 누군가를 사랑하고, 누군가와 헤어지는 시간들인 모양이다.

이별 중에서도 가장 슬픈 이별은 목숨과의 작별이다. 태어남은 인생으로의 초대이다. 그러나 이 초대는 오직 한 번뿐이다. 두 번 다시 되풀이되지 않는다. 그래서 더욱 소중하게 다뤄야 한다. 인생은 결코 두 번 반복되지 않는다. 운명은 우리에게 단한 번의 삶을 약속해주었을 뿐이다. 우리는 그 사실을 잊어서는 안 된다.

지적 생활자에게 행복이란

현명한 인간은 영속적인 기쁨을 원한다. 언제 어디서나 기쁨을 찾아낸다. 그것은 기뻐할 수밖에 없는 일들이 그를 기다리고 있기 때문이 아니다. 그의 마음이 벌써 기쁨을 알아버렸기 때문이다. 그래서 장소와 시간에 구애받지 않고 항상 기뻐할 수 있는 것이다.

기쁨은 부정하게 얻어지지 않는다. 부정한 것은 기쁨이 될 수 없다. 부정을 통한 감정은 기쁨이 아니라 쾌락이며, 범죄를 저질렀다는 은밀한 만족에 지나지 않는다. 자책과 후회가 뒤따르지 않는 솔직한 감정만이 기쁨이라는 이름에 어울린다.

아침부터 밤까지 지적인 명령에 따라 행하는 것.

그것이 당신에게 어울리는 기쁨이다. 당신이 찾던 인생의 즐거움이다. 그렇게 하면 당신은 지상에서, 이 번잡한 생활의 미로에서 길을 잃지 않게 될 것이다. 축복의 밝은 빛을 보게 될 것이다. 당신의 삶 속에서 지성의 뜻이 명백하지 않다면 그것을 찾아내야 한다. 그것을 찾는 과정 속에 기쁨이 있다는 것을 알게 될 것이다.

내가 바라는 삶이 실현되면 행복해질까? 그 삶이 실현되기까지 수많은 시련과 근심과 불안에 떨어야 한다는 것을 알게 되어도 나는 행복해질 수 있을까?

그 짐이 두렵다면 그것은 내가 바라던 삶이 아니다. 이 정도쯤은 충분히 견뎌낼 수 있다는 확신이 선다면 그것이 내가 바라던 삶이다. 물론 생활에는 어느 정도의 시련과 고난이 따르기 마련이다. 인간이 시련과 고난에서 자유로워질 수는 없다. 그것은 살아 있음에 지불해야 하는 의무인지도 모른다.

시련과 고난을 두려워하는 삶보다는 삶의 의무라고 생각하는 편이 더 낫고, 삶의 의무라고 생각하는 것보다는 지성이 준 기회라고 생각하는 편이 더 낫다. 사물에 대한 이성적인 정의는 사물로부터 받은 느낌을 뛰어넘을 수 없다. 우리의 태도는 사물에 대한 정의보다 사물로부터 받은 느낌에 더 의지한

다. 시련을 몸소 체험한 자들의 모습에서 우리가 더 큰 위로를 받는 것은 바로 이 때문이다.

나의 힘은 미약하지만 나를 붙드는 믿음의 힘은 위대하다. 나의 별은 어둔 밤하늘 속에서 외로워하지만 지성이라는 태양은 나의 암흑을 몰아낸다. 그리고 내일은 새 생명이 찾아온다. 오늘과 다른, 새로운 생명이 태어나는 것이다. 당신은 곧 그것을 경험하게 될 것이다.

내가 무엇을 추구하느냐가 나의 삶을 결정한다. 생존은 조건일 뿐이다. 생존이 목표가 될 수는 없다.

내가 추구해야 할 삶의 방향은 성실과 품격이며, 생활에 대한 애정과 지적인 힘이다. 나를 위해 열심히 살았다는 것은 내 손으로 이룩한 지적인 발달이 조화로운 우주에 근접했다는 뜻이다. 나는 그것이 이성을 갖춘 한 인간으로서 온 생애를 바쳐 도달해야 할 목표라고 확신한다.

행복이란 눈에 보이는 어떤 것이 아니라는 생각을 해봤다. 어쩌면 우리들은 행복해지고 싶다는 그 소망 때문에 행복해하는 것인지도 모르겠다. 내일은 시작되지 않았지만, 내일은 오늘보다 행복할 것이라는 그 믿음 때문에 우리가 내일을 기다리는 건

지도 모른다. 그 믿음이 우리의 오늘을 사랑하게 만들었던 건지도 모른다. 행복에 대한 믿음이 행복이었다는 걸 알게 된다면 우리는 그토록 실망하지 않아도 되었을 텐데….

꽃은 열매를 맺기 위한 준비과정임에도 우리는 열매보다 꽃의 아름다움에 감탄한다. 열매의 달콤한 과육보다 한 떨기 꽃의 자태에 우리의 영혼은 감격한다. 하지만 인간은 어찌 되었든 간에 열매를 먹어야 한다고 생각한다. 꽃의 아름다움으로 충분히 만족했지만 고픈 배는 어쩔 수 없다고 말한다.

꽃과 열매는 행복과 결실에 대한 비유이다. 꽃은 나를 충분히 만족시켰다. 그러나 나는 여전히 열매를 먹어야 한다고 집착한다. 그 열매가 아니더라도 나의 주린 배를 채울 만한 빵이 널려 있음에도 꽃을 감상했으니 열매도 먹어봐야겠다고 주장한다.

행복 또한 이런 것이 아닐까? 우리는 소망함으로 행복했다. 하지만 소망했으니 가져봐야겠다고 우겨댄다. 그것을 갖지 못했지만 소망했고, 또 행복했으니 그걸로 족하다는 말을 할 줄 모른다.

행복이 그리운 까닭은 소유의 순간 때문이 아니다. 소망한 것이 성취될지도 모른다는 기대감, 조금씩 그 소망이 완성되는 것 같은 흥분이 나를 행복하게 만들어줬던 것이다.

"가장 위대하신 제우스의 딸들 중에서도 가장 아름다운 성취의 여신이여, 그대가 내게로 다가오도다."라는 《이피게니아》(괴테의 희곡)의 한 구절처럼 행복은 손에 잡히지 않아서 행복한다.

어리석은 근심은 당신이 의지하는 지성에게 맡겨라. 당신의 야만적인 술책을, 당신을 주목하는 지적인 이웃들에게 고백하라. 당신 마음이 시키는 대로 하루를 살지 말라. 노력하라. 옳고 그름이 당신 눈에 보일 때까지.

고통과 즐거움은 같은 길에 놓여 있다. 기쁨의 끝에 고통이 있고, 고통 끝에 기쁨이 있다. 당신을 괴롭히려고 운명이 시련을 주는 건 아니다.

확신하라. 진정한 생명은 당신의 슬픔으로 심어진다는 것을.

기억하라. 그 열매가 당신 소유가 되지 않을지라도 당신은 충분히 행복했다는 것을.

고독함에도 불구하고 지성의 사명을
따라야 하는 이유

콩트는 취향도 그러했지만 일관된 방침으로 고독을 지켜왔다. 그에게 눈이 부실 만큼 명석한 두뇌가 주어졌고, 만년까지 쇠하지 않는 지력과 온갖 종류의 방대한 자료를 마음대로 구사할 수 있는 놀라운 능력이 있었다고 해도 그가 세상사에 대한 흥미를 포기하지 않았더라면 오늘과 같은 명예와 업적은 남기지 못했으리라고 본다. 콩트는 실증철학을 보다 정밀한 체계로 완성시키고자 전 생애를 내던졌던 것이다. 지성의 역사를 돌이켜봤을 때 그의 흔들리지 않는 결의를 능가했던 자는 단연코 없다.

그는 모든 것을 바쳤다. 지위, 건강, 시간, 즐거움, 출세의 기회와 하찮은 교제를 희생시켰다. 고독해진 덕분에 콩트는 위대한 사업을 성취시킬 수 있었다. 밀턴이 《실락원》을 쓴 때는 시력과 건강을 잃고 은둔해 있던 시절이었다. 그는 정치적으로 패배자였다. 이처럼 가난과 실패가 우연히 천재라는 기적을 낳는 때가 있는 것이다. 가난해서 운 좋게 사교계에 발을 들여놓지 못했고, 덕분에 시간을 빼앗기지 않고 자신의 길을 걸어가게 된 천재들이 우리 주변엔 많다.

'눈에 보이지 않는 세계'를 믿고 살아가는 것과 '눈에 보이는 세계'만 믿고 살아가는 것은 완전히 다르다. 당신 마음속엔 어떤 믿음이 숨쉬고 있는가? 당신은 어떤 눈으로 세상을 바라보는가? 스스로 반문해보라.

'눈에 보이지 않는 세계'를 믿는 사람은 눈앞에 닥친 시련과 고통과 외로움에 좌절하지 않는다. 몸으로 겪은 고난은 그를 병들게 할 수 없다. 그의 영혼은 눈에 보이지 않는 세계 속에서 살아가기 때문이다. 반대로 '눈에 보이는 세계'만 믿고 살아가는 사람은 작은 시련에도 눈물짓는다. 그에겐 눈앞의 세계가 전부이기 때문이다. 우리는 숙명적으로 눈에 보이는 세계를 살아간다. 하지만 우리의 영혼만큼은 눈에 보이지 않는 세계를 가졌으면 좋겠다. 그

세계에서 마음껏 살아갔으면 좋겠다. 명심해야 될 점은 그 세계엔 나말고는 아무도 존재하지 않는다는 것이다. 나 외에는 누구도 함께 해줄 수 없다는 점이다.

나는 눈에 보이지 않는 세계를 희망이라고 부르겠다. 눈에 보이는 이 세계를 눈에 보이지 않는 세계로 변화시키려는 노력 중 하나가 지적인 생활에 대한 동경이라고 생각한다.

만약 내가 지성의 힘을 믿지 않았다면, 나의 불확실한 능력과 언제든 나를 배신할 준비가 되어 있는 얄팍한 자들의 도움을 의지했다면, 또 생활의 향락에 취해 밤거리를 배회하고 육체적인 환희를 유일한 즐거움으로 섬겼다면, 내 생활의 반은 공포가 잠식하고 나머지 절반은 자기기만으로 가득 채워졌을 게 분명하다. 인간은 환경에 귀속되지 않는다. 잘 꾸며진 정원과 비단으로 장식된 침대를 가진 사람도 황폐해진 마음 앞에서는 사막의 오아시스에 목말라하는 아라비아 상인들과 다를 바 없다.

인생은 한마디로 강제성의 연속이다. 법과 질서, 종교적 율법, 집집마다 중요시 여기는 가풍, 강압적인 교육, 도덕과 사람들 사이에서 지켜야 할 예절 등 끝도 없다. 내가 아는 어떤 개혁파 랍비가 오랜 세월 동안 유대인 사회에서 존경받아온 랍비에게 유대교의 수많은 율법들 때문에 신도들이 그들의 종교를 떠나고 싶어 한다는 말을 한 적이 있다. 그러자 앞이 잘 안 보이는 늙은 랍비가 그의 손을 붙들고 이렇게 말했다고 한다.

"율법은 확실히 무거운 짐이네. 하지만 이렇게 생각해보게나. 전쟁터에 나간 군인들에게 총과 탄약은 생명보다 값진 것이네. 아무리 무거워도 총을 버리고 전쟁터에 나가진 않을 게야. 배낭이 쓸데없이 큰 것 같아도 그 안에는 모포며, 식량이며, 물과 약품들로 가득하네. 이 또한 버리기엔 너무 아까운 것들이지. 내가 만약 군인이라면 그것들이 무거워도 함부로 버리지는 않을 걸세."

지성의 명령은 확실히 무거운 사명이다. 제멋대로 살고 싶은 인간에겐 더욱 그러하다. 그러나 지성의 명령은 영혼과 육체에 대한 축복이기도 하다. 이 축복은 물질적이지 않고, 허세를 부리는 데도 쓸모가 없으며, 값비싼 보석처럼 누구에게 자랑할 수도 없다. 그래서 사람들은 물질이 문명으로 대접받는 이 시대에 지성의 명령을 따르는 것은 어리석음과 마찬가지라고 생각하게 되었다.

하지만 우리가 지성의 명령을 따르지 않게 되면 결국에는 본능의 노예로 살아가게 될 것이다. 지성에 속한 자는 본능의 명령으로부터 자유롭다. 반대로 지성으로부터 자유로운 자는 본능의 명령에 복종해야만 한다. 어떤 삶이 행복인지는 각자 판단할 몫이지만, 그 옳고 그름에 대해서는 누구나 알고 있을 것이다.

내게는 다른 사람에게 받은 상처를 오래도록 기억하는 버릇이 있다. 그런 기억이 내게 아무런 도움이 되지 않는다는 것을 잘 알지만, 상처받은 마음이 쉽사리 회복되지 않는다. 나쁜 기억들을 빨리 털어낼 수 있다면 좋겠다. 나에 대한 다른 사람의 평가 때문에 상처받고 싶지 않다.

나는 왜 다른 사람의 판단에 휘말리는 것일까? 나에 대한 그들의 평가에 울고 웃는 것일까? 왜 그들의 비웃음에 화가 나고, 그들의 존경어린 시선에 우쭐해하는 것일까?

내 삶을 평가하고 재단할 권리가 나에게 있음에도 불구하고 나는 타인의 시선 속에서 행복을 느끼게 될 때가 있다. 내가 바라보는 나보다 그들이 바라보는 나를 더욱 사랑하게 될 때가 있다.

그 이유에 대해 생각해봤다. 그리고 결론을 내렸다. 그 결론이 나를 부끄럽게 만들었다. 한마디로 나는 정직하지 못했던 것이다. 내가 정직한 인간이었다면 나는 사람들 앞에서 겸손하게 행동했을 것이다. 그들이 나를 높게 평가하는 데 대해 두려워했을 것이고, 나를 비웃는 조롱에 감사했을 것이다. 하지만 나는 그렇게 하지 못했다. 작은 비판에 분노하고, 입에 발린 칭찬인 줄 알면서도 교만했다. 그럴수록 나는 사람들 속에서 혼자 외로워하는 나의 모습과 대면하게 되었다.

인생은 정직해져야 한다. 누구보다도 나 자신에게 정직해져야 한다. 현재 나는 본래의 내가 가진 능력보다 높은 평가를 받고 있으며, 그 평가에 항상 감사하는 마음으로 생활해야 한다는 것을 기억해야 한다.

인생을 감동시키는 것은 사랑이다. 내 마음을 사로잡고, 나를 어린아이처럼 들뜨게 만드는 것은 사랑이다. 하루가 다르게 변화하는 시대의 문명 속에서도 나는 사랑을 기다린다. 지적 노동을 사랑하고, 그 노동에 뒤따르는 고통을 사랑하고, 고통의 아픔을 사랑하고, 고통의 아픔이 전해주는 진실을 사랑한다.

사랑의 표현은 기다림이라고 말하겠다. 기다림은 고독이라고 말하겠다. 사랑은 그 고독을 기다리는 행위이다. 기다리다 지쳐 거리를 헤매고, 잠을 이루지 못하고, 황무지 같은 들판을 찾아가 자학하듯 울음을 터뜨리고, 스스로 양심을 무너뜨리고, 또다시 기다리는 것이다. 어떤 이는 아픔이 있는 곳에 사랑이 있다고 말한다. 그렇다! 사랑은 고통과 기다림에 대한 인내인 것이다. 고통을 치르지 않은 사랑은 사랑이 아닌 것이다. 기다림이 없는 사랑은 사랑이 아닌 것이다. 내가 나를 기다리지 못한다는 것은, 내가 나의 고통을 두려워한다는 것은 내가 나를 사랑하지 못했다는 증거이다. 그래서 나는 이 밤이 부끄럽다.

괴테의 궁극적인 인생관이었던 불가지론(不可知論. 사물의 본질이나 궁극적 실재의 참모습은 사람의 경험으로는 결코 인식할 수 없다는 이론.)은 우리를 외로움에서 구원해주지 못한다. 괴테는 그의 인생을 통해 본질적인 존재는 인간의 지성으로 인식할 수 없다고 이야기했다. 삶과 문학을 총동원해 자신의 특별한 인식을 보편화하려고 노력했다. 글을 쓰면 쓸수록, 위대해지면 위대해질수록 인류 곁에서 멀어져가는 자신의 모습을 정당화시키려고 시도한 것이다.

고대 그리스의 소피스트들은 인간이 어떻게 신의 본체를 볼 수 있느냐고 반문했다. 그리고 요즘의 신학자들도 우리가 알고 있는 신은 자연의 빛과 같은 존재일 뿐, 그의 토대를 구성하는 본질적인 요소에 대해서는 판단할 수 없다고 말한다.

칼라일은 그의 전기에서, '불가지론은 고급 빵을 만들 때 쓰는 밀가루처럼 보인다. 하지만 실제로는 유리가루에 지나지 않는다. 눈으로 볼 때는 아름답지만 혀로 삼킬 수는 없다.'라고 괴테의 불가지론을 비판했다.

나는 칼라일의 의견에 전적으로 동의한다. 불가지론은 나는 그것을 모른다, 라고 솔직하게 고백할 만한 용기가 결여된 자들이 찾아낸 변명이다. 지식인들은 나는 그것을 모른다, 라고 말하기보다는 그것은 애초부터 우리가 알 수 없는 것이었다, 라고 말하는 것을 더 좋아하는 인종이다. 이런 변명으로 자신들의 신분이 유지된다고 생각한다. 자신들의 비루한 처지가 설명된다며 득의양양해한다.

그에 비하면 냉정한 성격의 칼뱅은 불가지론에 대한 그릇된 신념을 가장 적합한 표현으로 신랄하게 조롱했다.

"인간은 희망과 사랑을 인생의 목표로 설정할 자유가 있다. 그러나 어떤 인간도 희망과 사랑을 완벽하게 성취하지는 못한다. 그렇다고 희망과 사랑이 존재하지 않는 것은 아니다. 희망과 사랑에는 도달하지 못할지언정, 희망과 사랑에 도달하려는 노력

으로 인간은 소금과 지팡이가 될 수 있으며 천부적
인 고독에서 조금은 멀어질 수 있다."

사람들과 함께할 수 없음에 두려워할 필요는 없
다. 나 자신을 극복하지 못했다고 조급해할 이유는
없다. 누군가가 손가락으로 나를 가리키며 고개를
저어도 분노할 필요는 없다. 세상이 달갑진 않지만
그래도 나는 자신을 시험해봐야 한다.

다른 사람을 도움으로써 보람을 느낀다거나, 그
들에게 사랑을 느낀다는 것은 터무니없는 허구나
싸구려 감상주의라고 생각했던 때가 있었다. 당연
히 누가 나를 돕겠다고 나서면 증오가 폭발했다. 내
눈엔 값싼 동정으로 나를 멋대로 취급하려는 그들
의 더러운 속내가 보이는 것 같아 역겨웠다.

사람들의 무관심이 행복했던 시절이 있었다. 나
또한 다른 사람에게 무관심한 것이 당연하다고 생
각했던 시절이 있었다. 내가 그들보다 많은 것을 알
고 있으며, 더 좋은 곳에서 생활한다는 이유로 내가
그들보다 우월하다고 믿었던 때가 있었다. 남을 굽
어보는 거드름으로 세상을 바라봤다. 그늘에 방치
된 수많은 사람들의 눈물을 구차하게 여겼다. 인간
으로서 지녀야 할 소중한 미덕들을 버리고, 가식과
억지로 나를 꾸며왔다. 그것이 나를 고독의 절망으
로 이끌고 있음을 알지 못했다.

나의 내면은 오늘도 투쟁한다. 우리는 외로워야 하며, 또한 외롭지 말아야 한다. 이것은 의지와 의지가 서로 칼날을 겨누고 있는 상황과 비슷하다. 선과 악을 명확히 구분하는 것과 선을 행하고 악을 버리는 것은 엄연히 다르다. 그 동안 나는 선과 악을 구별하는 데 너무 오래 매달려왔던 것 같다. 나는 그것이 악임을 알면서도 행했고, 그것이 선임을 자각하면서도 눈을 감아버렸다. 지성의 의지는 좌절되지 않는다는 것을 하루에도 몇 번씩 체험했음에도 언젠가는 지성이 내 앞에 굴복할 것이라고 믿어 의심치 않았다. 나의 삶은 언제나 그런 식이었다.

　마지막으로 옛날 어느 페르시아 시인이 남긴 독백을 들려주고 싶다.

　길도 없는 험한 바다에 나를 띄운다.
　지금부터는 고독만이 유일한 재산이다.

　내 순례의 걸음이 나의 영원한 조국을 찾을 때까지 멈추지 않기를 날마다 기도한다.

　나의 두 무릎은 두 번 다시 대지를 밟지 않을 것이다.
　나의 영원한 조국을 찾을 때까지.

그날 이후 월계수는 나를 위해 꽃을 피우지 않았고,
나의 이마를 장식했던 가시면류관도 땅에 떨어졌다.

나를 낳아준 고독이여!
고통은 짧고 기쁨은 영원했다.

역자후기

필립 길버트 해머튼(Philip Gilbert Hamerton)은 1834년 영국에서 태어났다. 처음에는 시인을 꿈꿨지만 첫 시집이 혹평을 받은 후 상심하고 한동안 전업화가의 길을 걷기도 했다.

그러나 그림보다는 글에 더 큰 재능이 있음을 깨닫고 전문분야인 미술을 중심으로 예술평론과 인간관계 등을 다룬 수필집, 전기 등 여러 분야에 걸친 저술활동에 나서면서 명성을 얻기 시작했다. 《예술에 대하여》《알려지지 않은 강》《사람 사는 세상 속》《현대의 프랑스인》《프랑스인과 영국인》《행복의 탐구》《자서전》 등은 19세기 후반 출간된 이래 현재에 이르기까지 명저로 평가받고 있다. 특히 저자 본인이 겪었던 실패와 노력의 체험을 한데 엮어 인생의 행복과 자기실현을 추구해나가는 구체적인 방법을 깊이 탐구한 《지적 생활의 즐거움》은 유사한 책이 없는 고전으로 큰 사랑을 받아왔다.

이 책은 저자의 작품 가운데서도 대표작이라 할 수 있는 《지적 생활의 즐거움》과 《자서전》, 에세이, 일기, 편지 등에서 작가의 지적 성찰이 잘 드러난 명문들을 한데 추려 모았다.

그 옛날 해머튼의 고뇌와 실천이 오늘을 살아가는 우리들에게 여전히 큰 울림과 깨우침을 전달하는 까닭은 지적인 생활이란 인간의 영혼에 새겨진 본래적인 욕망이기 때문이다. 의식주라는 생존의 기본조건들도 중요하지만 인간이 삶을 영위하는 최대 동력원은 육체가 아닌 정신이다. 그리고 우리의 정신은 지적인 활동을 계획하고, 여기에서 보람을 찾도록 설계되어 있다.

현대인의 물질적인 충족은 그 어떤 시대보다 풍요롭다. 지나치게 풍요로워진 나머지 인간성의 물질화를 염려하는 시대가 되었다. 하지만 자신과 세상을 바라보는 현대인의 세계관은 날이 갈수록 염세적인 진화만을 거듭하고 있다.

대학진학률이 80퍼센트에 육박하는 현실 속에서 지적 생활을 추구해왔다고 자부할 만한 사람의 비율은 얼마나 될 것인가? 학력이 개인의 인생을 결정 짓는 최대의 요건으로 부상했지만, 교과서 밖에서 개인의 삶을 지적으로 풍요롭게 만들 줄 아는 사람이 점점 더 줄어들고 있다는 건 물질의 풍요가 지적인 만족으로 대체될 수 없음을 보여주는 가장 확실한 증거라고 생각된다.

나 또한 인생의 황혼기에 이 책을 접하고 많은 변화를 경험했다. 나름대로 일반 대중에 비해 지적인 삶을 추구하며 살아왔다고 자부했으나, 해머튼의 깊고 넓은 사유의 공간과 맞닥뜨리게 되면서 내가 자랑으로 여겨왔던 얄팍한 지식과 그간 고집해온 지적인 삶의 형태가 얼마나 보잘것없는 치기였는지 깨닫게 된 것이다. 이 책은 나에게 하루의 일상 속에서 순간순간 경험하게 되는 사소한 행동부터 인생의 끝자락에 이르기까지 계획하고 실천해야 하는 인간으로서의 목표를 보여주었다. 그 감동은 비단 나뿐만이 아니었다. 동서고금의 수많은 철학자, 예술가, 정치가에서부터 무명의 민중까지 해머튼의 '지적 생활'을 교훈과 철칙으로 삼아 한계가 뚜렷했던 현실을 개혁하고 발전시켜나가는 데 성공했다.

이 책의 첫 페이지만 읽어봐도 알 수 있으리라 생각되는데, 지적 생활은 소수 지식계급의 노동과는 다르다. 노동이 사회적인 부가가치를 창출해내는 데 반해 이 책이 추구하는 지적 생활은 개인의 본능, 나아가서는 함께 살아가는 '우리'를 만족시키는 데 초점을 맞추고 있다. 그런 의미에서 지적인 삶을 향한 추구는 남녀노소, 직업에 상관없이 누구나 실천하고 노력해야 되는 인생의 기본 토대라고 할 수 있다.

지적인 즐거움을 누리고 싶다면 무엇보다 지적인 훈련이 수반되어야 한다. 지적인 삶이 가져다주는 기쁨을 만끽하기 위해 우리는 취미를 제한해야 될 수도 있고, 사람들 곁에서 잠시 떨어져 고독을 맛보기도 해야 한다. 현대사회가 잃어버린 이 낯선 훈련에 이 책이 등불이 되어줄 것으로 믿는다.

점점 더 가속화되는 편리한 기계문명은 우리의 지적 욕구마저 자신들에게 맡기라고 강요한다. 우리는 의존이라는 편리성에 길들여져 버렸다. 인류 역사를 고찰하건대 길들여짐은 언제나 '우민(愚民)'의 씨앗이 되곤 했다. 깨어난 의식으로 이를 자각한 독자들에게 이 한 권의 책이 지적 여로의 꺼지지 않는 친구가 되어주기를 기대해본다.

김욱

일상이 ___ 고고학 시리즈

황윤 역사 여행 에세이

"우선 걸어볼까?"

타임머신을 타고 같은 장소 다른 시간을 걷는다. 옛사람들처럼 천천히 걸으며 풍경을 살피고, 역사의 조각을 맞춰보는 즐거운 순간! 고고학이 일상이 되고, 일상은 역사가 된다.

일상이 고고학: 나 혼자 백제 여행

소장 역사학자이자 박물관 마니아의 백제 역사 여행기. 역사 여행도 동네 산책처럼 친숙할 수 있다는 것을 보여주는 참신한 접근의 입문서로, 그동안 빈약한 배경 지식 탓에 깊이 음미할 수 없었던 백제 유물 유적의 가치에 눈을 트이게 해준다. 왜 백제의 유물이 뛰어나게 예술적이고 아름다운지 그 수수께끼를 발품으로 이룬 마니아 특유의 통찰력으로 풀어내고 있다. 전문가의 전유물이었던 백제를 친근하고 쉽게 풀어냈다는 평을 얻고 있다.

일상이 고고학: 나 혼자 경주 여행

경주를 100번도 넘게 가본 경주 마니아 황윤이 전하는, 고고학으로 경주 보는 법. 아름다운 경주의 풍경에 고고학을 더하여 여행에 지적 힐링을 안겨주며, 일상적인 누구나의 여행도 더욱 깊고 더 많은 것을 볼 수 있도록 안내한다. 박물관 마니아답게 보이지 않는 것을 보는 감상자의 안목을 여행에 접목시키니 경주 자체가 열린 박물관이 된다. "전국의 역사선생님이 좋아하는 경주 역사책!" "책을 읽으면서 함께 여행하는 느낌!" "역사적 깊이가 정말 대단합니다. 경주에서 신라의 흔적을 하나하나 마주하며 찾아가는 그런 느낌!"

일상이 고고학: 나 혼자 가야 여행

김수로 왕에서 삼국 통일 시기 대단한 업적을 세운 가야계 신라인인 김유신과 문무왕으로 이어지는 금관가야 이야기. 이 책은 자신의 기록을 남기지 못하여 연구에 한계가 있을 수밖에 없었던 고대국가 '가야'를 '수로왕 전설'이 난생설화를 통하여 역으로 추적하여 그 속에 숨어 있는 진짜 역사를 하나하나 찾아가는 역사 에세이이다. 때로는 왜곡되고, 때로는 과장되고 억지스러운 역사의 기록을 함께 확인하고 풀어내는 과정과 각 역사 속 장면과 명칭 등의 의미를 함께 알아가는 가야 역사 여행은 고고학의 재미와 쾌감을 만끽하기에 충분하다.

일상이 고고학: 나 혼자 제주 여행

고고학의 눈으로 제주와 만나는 역사 여행 에세이. 덕후 출신 소장 역사학자인 저자의 편견 없는 가설과 다양한 문헌 해설, 그리고 부지런한 발품으로 만나는 제주 탐라 여행기다. 이 책은 〈삼국사기〉, 〈고려사〉를 비롯해 〈후한서〉, 〈삼국지〉 위서 동이전, 〈일본서기〉, 〈당회요〉 등 주변국 사서에 언급된 '탐라국'을 문헌적으로 개괄하며 신석기시대부터 고려시대까지 살펴본다. 저자는 그중에서도 유독 1374년 당대 최고 명장인 최영 장군을 총사령관으로 314척의 배에 2만 5,605명의 병력을 제주도로 파견하여 소위 '목호의 난'을 진압한 사건에 주목한다.

일상이 고고학: 나 혼자 전주 여행

전주를 기반으로 후백제를 세운 견훤과, 역시 전주에 뿌리를 둔 조선 왕조의 이성계를 통해 전주를 둘러싼 기시감 가득한 역사의 현장으로 이끈다. 기존에 한옥마을과 경기전 등 한정된 아이템 안에서만 즐겼던 전주 여행을 확장시켰을 뿐만 아니라, 역사적으로도 백제 말기부터 통일 신라, 고려 말기와 조선시대를 오가며 다층적인 전주를 보여준다.

일상이 고고학: 나 혼자 국립중앙박물관

박물관 마니아이자 역사 덕후인 황윤 작가의 국립중앙박물관 보는 법. 국립중앙박물관을 관람하는 다양한 스토리텔링 중 저자의 최애 코스인 '금(金)'을 주제로 한 탐구로, 1층에서 3층을 꼼꼼히 오가며 청동과 금의 흐름에서부터 국가 간 힘의 이동, 불교의 역사 등을 살핀다. 마침내 '사유의 방'. 두 분의 반가사유상을 만남으로써 클라이맥스를 선사한다.

일상이 고고학: 나 혼자 강원도 여행

역사 속 최고 권력자들과 선비 인텔리들이 골라 찾아다닌 한국에서 가장 빼어난 절경 여행지는 어디인가? 동해안을 따라 떠나는 고고학 여행이자 한 편의 판타지처럼 신비한 강원도! 〈관동별곡〉을 쓴 정철이 가사로 읊은 길, 동해안의 절경을 담아낸 〈금강사군첩〉을 그린 김홍도의 여정, 울릉도를 함락시킨 이사부의 흔적과 신라 화랑사선의 발자취가 남아 있는 곳. 강원도의 절경과 함께 고문헌과 옛 문학 작품, 설화 등과 어우러진 신비한 강원도를 만난다.

일상이 고고학: 나 혼자 분청사기 여행

도자기 관람자를 위한 입문서, 분청사기 편. 15세기에 구현된 분청사기만의 추상과 모던함! 이토록 담백하게 표출될 수 있었던 데에는 조선 전성기라는 자부심의 깊이가 자리한다. 그럼에도 불구하고 고려청자와 조선백자에 비하여 뚜렷이 인식·확산되지 못한 아쉬움이 있다. 오히려 해외에서 높이 평가받고 있는 분청사기의 매력을 만난다.

일상이 고고학: 나 혼자 경주 여행2 만파식적편

만파식적 설화로 만나는 최초의 고고학 답사기. 지금까지 만파식적의 의미를 문학적으로나 역사적으로 연구한 사례는 있었지만, 경주라는 공간에서 만파식적과 연관된 각각의 유물과 유적을 찾아 고증한 적은 없었다. 《삼국사기》와 《삼국유사》 두 역사서는 만파식적 설화를 어떠한 관점으로 기록하고 있으며, 오늘날 우리에게는 또 어떠한 의미인지 생각해보게 한다.

일상이 고고학: 나 혼자 백자 여행

조선백자를 제대로 볼 수 있도록 감상자의 시각을 확장해주는 책. 눈에 보이는 조선백자의 미(美)뿐만 아니라 미처 피우지 못한 잠재된 미(美), 제작 당시 의도했던 것은 아니지만 오늘에 이르러 재평가받는 백자의 미감(美感)에 이르기까지 조선백자에 대한 안목을 세계사의 흐름 속에서 살펴본다. 시대마다 다른 미감을 이해하면 더욱 재미있는 도자기 감상이 가능하다고 도자기 감상 팁을 전한다.

일상이 고고학: 나 혼자 남한산성 여행

남한산성 여행은 롯데타워 근처 삼전도비에서 시작하여 남한산성의 행궁과 남문, 수어장대, 서문으로 이어진다. 조선을 대표하는 암군, 인조의 실패한 리더십은 나라를 굴욕으로 빠뜨린 리더의 후손들이 감내해야 할 트라우마다. 패색 짙은 유적이지만 600년 전 고려 현종의 고려거란전쟁을 소환함으로써 왜 리더가 중요한지, 패배한 역사와 승리한 역사의 차이를 살펴본다.

일상이 고고학: 나 혼자 통영 진주 여행

임진왜란의 최전선이었던 한산도를 직접 찾아가 이순신 장군의 면모를 밝히는 역사 탐방기로, 문헌을 통한 객관적인 고증 속에 점차 부각되는 리얼리티의 경험을 선사한다. 실제 이순신 장군처럼 한산도 앞바다의 지형지세를 바라보는 가운데 옛 문헌으로 전하는 세세한 전장의 묘사가 오버랩되면서, 마치 조선 수군이 된 듯한 생생함은 격이 다른 감동을 전한다. 단행본으로는 최초로 초상화를 통해 진짜 이순신 장군의 얼굴을 찾아가는 시도 또한 고고학의 묘미를 증폭시킨다.

일상이 고고학: 나 혼자 대가야 여행

2023년 유네스코 세계유산으로 등재되면서 주목받은 가야 고분군을 따라가는 고고학 여행기로 대가야의 다양성과 국가적 위상을 재조명한다. 이 책은 영역과 이름만으로 대충 언급되었던 경상도 지역의 병렬 소국 집합체인 대가야의 실체를 문헌으로써 명료하게 입증하고, 또 상상 이상의 유적·유물을 통해 그 압도적인 존재감을 리얼하게 보여준다. 한편 대가야 여행의 시작이 고려의 팔만대장경으로 유명한 합천 해인사에서 출발한다는 점과 임나일본부와 우륵의 가야금으로 끝을 맺는다는 점에서 역시 황윤 작가만의 독특한 스토리텔링을 기대하게 만든다.

일상이 고고학: 나 혼자 수원화성 여행

스마트한 리더, 정조의 생애를 꿰뚫는 아이콘 수원화성 제대로 만나는 법. 사도세자의 아들이라는 굴레와 취약한 지지기반 속에서도 자신의 목표를 실현하기 위해 정조가 보여준 명확한 현실인식과 주도면밀한 실행력을 보여주는 책. 단행본 최초로 정조와 동시대를 통치한 청나라 건륭제와 비교하여 수원화성의 새로운 의미를 살펴보는 독특한 접근이 흥미를 더해준다.

편역 김욱

작가, 번역가. 서울대학교 신문대학원에서 공부한 후 서울신문, 경향신문, 중앙일보 등 언론계 최일선에서 일했다. 늘 문학과 철학을 가까이했으며, 특히 쇼펜하우어와 니체로부터 일생 동안 큰 영향을 받았다. 일흔에 번역을 시작한 데 이어 집필로 영역을 넓혀왔다. 특히 쇼펜하우어 아포리즘《당신의 인생이 왜 힘들지 않아야 한다고 생각하십니까》, 니체 아포리즘《혼자일 수 없다면 나아갈 수 없다》를 집필하여 쇼펜하우어와 니체의 언어를 폭넓은 독자에게 전했다.

《약간의 거리를 둔다》《지적 생활의 즐거움》《무인도에 살 수도 없고》《개를 키우는 이야기/여치/급히 고소합니다》《갈매기/산화/수치/아버지/신랑》《노인이 되지 않는 법》《간소한 삶 아름다운 나이듦》《인간관계》《늙지 마라 나의 일상》《죽음이 삶에게》 등 200여 권이 넘는 책을 번역했으며, 자전적 에세이로《취미로 직업을 삼다》가 있다.

지적 생활의 즐거움

1판 1쇄 인쇄 2025년 1월 31일
1판 1쇄 발행 2025년 2월 18일

지은이 P. G. 해머튼
편역   김욱

펴낸이 김현정
펴낸곳 책읽는고양이

등록 제4-389호(2000년 1월 13일)
주소 서울시 성동구 행당로 76 110호
전화 2299-3703
팩스 2282-3152
홈페이지 www.risu.co.kr
이메일 risubook@hanmail.net

© 2025, 도서출판라수
ISBN 979-11-92753-35-5 03190

※책값은 뒤표지에 있습니다.
※잘못 제본된 책은 바꾸어 드립니다.